essentials

Essentials liefern aktuelles Wissen in konzentrierter Form. Die Essenz dessen, worauf es als „State-of-the-Art“ in der gegenwärtigen Fachdiskussion oder in der Praxis ankommt. *Essentials* informieren schnell, unkompliziert und verständlich

- als Einführung in ein aktuelles Thema aus Ihrem Fachgebiet
- als Einstieg in ein für Sie noch unbekanntes Themenfeld
- als Einblick, um zum Thema mitreden zu können

Die Bücher in elektronischer und gedruckter Form bringen das Fachwissen von Springerautor*innen kompakt zur Darstellung. Sie sind besonders für die Nutzung als eBook auf Tablet-PCs, eBook-Readern und Smartphones geeignet. *Essentials* sind Wissensbausteine aus den Wirtschafts-, Sozial- und Geisteswissenschaften, aus Technik und Naturwissenschaften sowie aus Medizin, Psychologie und Gesundheitsberufen. Von renommierten Autor*innen aller Springer-Verlagsmarken.

David Kergel · Jules El-Khatib

Transkulturalität, Migration und Diversität

Perspektiven auf Differenz, Macht und Zugehörigkeit

Springer VS

David Kergel
Soziale Arbeit
IU Internationale Hochschule
Duisburg, Deutschland

Jules El-Khatib
IU Internationale Hochschule Wuppertal
Dortmund, Deutschland

ISSN 2197-6708 ISSN 2197-6716 (electronic)
essentials
ISBN 978-3-658-51842-4 ISBN 978-3-658-51843-1 (eBook)
https://doi.org/10.1007/978-3-658-51843-1

Die Deutsche Nationalbibliothek verzeichnet diese Publikation in der Deutschen Nationalbibliografie; detaillierte bibliografische Daten sind im Internet über https://portal.dnb.de abrufbar.

Planung/Lektorat: Cori Antonia Mackrodt
Springer VS ist ein Imprint der eingetragenen Gesellschaft Springer Fachmedien Wiesbaden GmbH und ist ein Teil von Springer Nature.
Die Anschrift der Gesellschaft ist: Abraham-Lincoln-Str. 46, 65189 Wiesbaden, Germany

Was Sie in diesem *essential* finden können

- eine Einführung in zentrale Begriffe der Migrations-, Diversitäts- und Transkulturalitätsforschung
- eine kritische Analyse klassischer Integrationskonzepte und ihrer normativen Voraussetzungen
- eine Darstellung transkultureller Ansätze, die Kultur als dynamischen Aushandlungsprozess verstehen
- eine Analyse migrationsgesellschaftlicher Diskurse über Zugehörigkeit, Differenz und Integration
- eine Diskussion struktureller Diskriminierung und gesellschaftlicher Machtverhältnisse im Kontext von Migration

Inhaltsverzeichnis

Migration – Chancen und Herausforderungen

Migration stellt kein Ausnahmephänomen dar, sondern ist eine grundlegende Konstante menschlicher Geschichte. Seit dem Auftreten des *Homo sapiens* vor mehr als 300.000 Jahren gehört räumliche Mobilität zu den zentralen Bedingungen menschlicher Existenz. Menschliche Geschichte ist daher stets auch als Geschichte von Wanderungen und Mobilitätsprozessen zu verstehen.

Wie Rubel (2024, S. 51) hervorhebt, waren Migrationsbewegungen dabei nicht ausschließlich durch äußere Zwänge wie klimatische Veränderungen oder Ressourcenknappheit bestimmt. Ebenso bedeutsam war die aktive Suche nach besseren Lebensbedingungen, nach Sicherheit, Stabilität und neuen Handlungsspielräumen. Migration ist damit nicht allein Reaktion auf Krisen, sondern Ausdruck menschlicher Handlungsfähigkeit. Migration trägt dazu bei, nahezu alle Regionen der Erde zu besiedeln und in fortlaufende Austauschprozesse mit anderen Gruppen zu treten. Kulturelle Entwicklung vollzieht sich historisch nicht trotz, sondern durch Migration. Migration ist insofern kein Krisenphänomen, sondern eine strukturelle Voraussetzung gesellschaftlicher und kultureller Dynamik.

Merksatz: Migration als Normalfall
Migration ist kein Ausnahmezustand, sondern historischer Normalfall menschlicher Gesellschaften. Sie macht soziale Machtverhältnisse sichtbar und wirkt zugleich als Motor kultureller und gesellschaftlicher Transformation.

D. Kergel, J. El-Khatib, *Transkulturalität, Migration und Diversität*, essentials, https://doi.org/10.1007/978-3-658-51843-1_1

Auch in der Gegenwart bleibt Migration Ausdruck und Motor sozialer, politischer und kultureller Transformation. Migrant*innen bringen Erfahrungen, Sprachen, Wissensbestände und biografische Perspektiven mit, die Gesellschaften verändern, erweitern und herausfordern. Dabei ist Migration kein einheitlicher Prozess. Migrationsverläufe unterscheiden sich erheblich je nach sozialer Lage, Bildungsgrad, Herkunftskontext und rechtlichem Status. Die Migrationserfahrung einer hoch qualifizierten, ökonomisch abgesicherten Person unterscheidet sich fundamental von derjenigen einer Geflüchteten, die infolge von Krieg, Gewalt oder existenzieller Not zur Migration gezwungen ist (Oltmer & Hanewinkel, 2021). Migration ist daher immer relational. Sie ist eingebettet in gesellschaftliche Machtverhältnisse, politische Regulierungen und historische Konstellationen. Wer migrieren kann, unter welchen Bedingungen Migration möglich ist und wie Zugehörigkeit verhandelt wird, ist keine individuelle Frage allein, sondern Ausdruck struktureller Ordnungen. Migration macht diese Ordnungen sichtbar und stellt sie zugleich infrage.

Übersicht

Die Ambivalenz gesellschaftlicher Migrationsbewertung lässt sich exemplarisch an zwei historischen Momenten der bundesdeutschen Geschichte verdeutlichen. Als 1964 der millionste sogenannte Gastarbeiter in der Bundesrepublik empfangen wurde, inszenierte der Staat Migration öffentlich als ökonomischen Erfolg und Zeichen nationaler Modernisierung: Der portugiesische Arbeiter Armando Rodrigues de Sá wurde feierlich begrüßt, beschenkt und medial als Symbol gelungener Arbeitsmigration dargestellt. Migration erschien in diesem Moment als erwünschte Ressource, solange sie funktional in die Logik des Arbeitsmarktes eingebunden war.

Nur wenige Jahre später verschob sich diese Bewertung grundlegend. In den 1980er-Jahren formulierte der damalige Bundeskanzler Helmut Kohl wiederholt das politische Ziel, die Zahl der in Deutschland lebenden Türkinnen und Türken deutlich zu reduzieren – ein Vorhaben, das Migration nicht mehr als ökonomische Notwendigkeit, sondern als gesellschaftliches Problem rahmte. Die Gegenüberstellung dieser beiden Positionen macht deutlich, dass Migration nicht entlang stabiler Kriterien beurteilt wird, sondern je nach ökonomischer Lage, politischem Diskurs und kultureller Deutung zwischen Anerkennung und Ablehnung oszilliert. Migration erscheint damit weniger als konstante soziale Realität denn als Projektionsfläche wechselnder gesellschaftlicher Interessen und Normalitätsvorstellungen.

Die Geschichte der Migration in Deutschland zeigt, dass Wahrnehmung und Bewertung von Mobilität historisch stark variieren und eng an ökonomische, politische und gesellschaftliche Konjunkturen gebunden sind. In den 1950er- und 1960er-Jahren prägte die Anwerbung sogenannter „Gastarbeiter*innen" das öffentliche Bild von Migration. Mobilität war in dieser Phase ökonomisch erwünscht, sozial jedoch strikt befristet gedacht. Migration wurde als temporäre Arbeitskraftmobilisierung konzipiert, nicht als Teil gesellschaftlicher Entwicklung; Integration spielte in diesem Kontext kaum eine Rolle.

Mit der Wirtschaftskrise von 1973 verschiebt sich diese Deutung grundlegend. Sogenannte „Arbeitsmigrant*innen" verlieren ihren Status als benötigte Arbeitskräfte und werden zunehmend als soziales und politisches Problem gerahmt. Abschiebungen und Rückführungsprogramme rücken ins Zentrum der Migrationspolitik. Gleichzeitig gewinnen andere Formen von Migration, etwa Flucht-, Bildungs- oder Familienmigration, an Bedeutung, was die Heterogenität von Migrationsverläufen weiter erhöht (vgl. Ulrich Herbert, 2017, S. 206, 249). Diese Entwicklungen verdeutlichen, dass Migration kein statisches Phänomen ist, sondern in hohem Maße von nationalen und internationalen Rahmenbedingungen, rechtlichen Regelungen und globalen Dynamiken abhängt. Während ökonomische Aspekte Migration und den Diskurs häufig dominieren, etwa in Debatten um Arbeitsmarkt, Fachkräftemangel oder Sozialstaat, werden kulturelle und soziale Dimensionen oftmals problematisierend verhandelt. Begriffe wie „Integrationsdefizit" oder „Parallelgesellschaft" fungieren dabei als diskursive Marker, die Differenz nicht erklären, sondern normativ bewerten.

Auffällig ist dabei die systematische Marginalisierung migrantischer Perspektiven. Die Handlungsmacht von Migrant*innen, ihre Strategien der Selbstorganisation, ihre Formen transkultureller Vergemeinschaftung sowie ihre Erfahrungen von Zugehörigkeit und Ausgrenzung bleiben im öffentlichen Diskurs vielfach unterbelichtet. Migration erscheint so weniger als relationale Praxis gesellschaftlicher Aushandlung denn als einseitig zu regulierendes Problem, ein Deutungsmuster, das die Komplexität moderner Migrationsgesellschaften strukturell verfehlt.

Formen und aktuelle Entwicklung

Migration ist ein vielschichtiges Phänomen, das durch unterschiedliche soziale, ökonomische, politische und ökologische Motive beeinflusst wird (Oltmer & Hanewinkel, 2021). Diese Motive lassen sich analytisch in verschiedene Hauptformen unterteilen: Arbeitsmigration, Fluchtmigration, Bildungsmigration, Familienmigration und Umweltmigration. Jede dieser Formen bringt spezifische Herausforderungen und Chancen sowohl für die Migrant*innen selbst als auch für die Aufnahmegesellschaften mit sich.

Arbeitsmigration

Arbeitsmigration zählt zu den historisch bedeutsamsten und bis heute häufigsten Formen der Migration (vgl. Jochen Oltmer, 2017). Menschen verlassen ihre Herkunftsländer in der Erwartung besserer Beschäftigungsmöglichkeiten, höherer Einkommen und stabilerer Lebensbedingungen. Arbeitsmigration ist dabei kein homogenes Phänomen, sondern umfasst sehr unterschiedliche soziale Lagen, Qualifikationsprofile und rechtliche Rahmenbedingungen. Zu ihr gehören sowohl hoch qualifizierte Fachkräfte als auch gering- oder formal niedrig qualifizierte Arbeitskräfte. Hochqualifizierte Migrantinnen, etwa Ärztinnen, Ingenieurinnen oder IT-Spezialistinnen, werden häufig gezielt rekrutiert und in den Aufnahmeländern aufgrund ihres spezifischen Fachwissens geschätzt. Parallel dazu haben Staaten wie Deutschland in den vergangenen Jahren verstärkt Anwerbeabkommen für Ausbildungs- und Mangelberufe geschlossen, insbesondere in Bereichen, die vom demografischen Wandel besonders betroffen sind. Dazu zählen unter anderem die Kranken- und Altenpflege sowie verschiedene Segmente des Baugewerbes (Beck, 2024, S. 176). Arbeitsmigration leistet einen wesentlichen Beitrag zur wirtschaftlichen Entwicklung sowohl der Herkunfts- als auch der Aufnahmeländer. Sie wirkt über Geldtransfers (Remittances), den Transfer von Wissen und Qualifikationen sowie über die Stabilisierung von Arbeitsmärkten. Zugleich macht sie strukturelle Ungleichheiten sichtbar. Fragen der sozialen Absicherung, der Arbeits- und Aufenthaltsrechte sowie der langfristigen gesellschaftlichen Teilhabe sind untrennbar mit arbeitsbezogener Migration verbunden. Arbeitsmigration ist damit nicht nur ein ökonomisches Steuerungsinstrument, sondern ein sozialer Prozess, in dem Machtverhältnisse, Abhängigkeiten und Integrationsbedingungen konkret ausgehandelt werden.

Fluchtmigration

Fluchtmigration bezeichnet Formen der Migration, bei denen Menschen infolge von Krieg, Gewalt, politischer Verfolgung oder existenziellen Krisen gezwungen sind, ihre Herkunftsregionen zu verlassen. Sie ist keine freiwillige Mobilitätsentscheidung, sondern Ausdruck akuter Gefährdung und struktureller Unfreiheit. Ziel der Flucht ist nicht ökonomische Verbesserung, sondern Schutz, Sicherheit und das Überleben selbst. Für die betroffenen Personen ist Fluchtmigration mit tiefgreifenden biografischen Brüchen verbunden. Verlust von Heimat, sozialen Netzwerken und beruflicher Kontinuität gehen häufig mit traumatischen Erfahrungen einher. Entsprechend benötigen Geflüchtete nicht nur sichere Unterkünfte und rechtlichen Schutz, sondern auch Zugang zu medizinischer Versorgung, psychosozialer Unterstützung und langfristigen Integrationsperspektiven. Fluchtmigration stellt damit hohe Anforderungen an aufnehmende Gesellschaften, insbesondere an ihre sozialen Sicherungssysteme, Bildungsinstitutionen und Verwaltungsstrukturen.

Gleichzeitig greift eine rein problemorientierte Betrachtung zu kurz. Wie Philipp Ther (2017) betont, bringen viele Geflüchtete vielfältige berufliche Kompetenzen, soziale Ressourcen und transnationale Erfahrungen mit. Langfristig kann Fluchtmigration zur gesellschaftlichen Vielfalt beitragen und Impulse für wirtschaftliche, kulturelle und soziale Entwicklungen setzen. Ob dieses Potenzial wirksam wird, ist jedoch keine Eigenschaft der Geflüchteten selbst, sondern eine Frage institutioneller Rahmenbedingungen, rechtlicher Teilhabe und gesellschaftlicher Anerkennung.

Fluchtmigration macht damit in besonderer Weise sichtbar, dass Migration nicht nur Bewegung von Menschen ist, sondern ein Prüfstein demokratischer Gesellschaften: im Umgang mit Verletzlichkeit, mit globaler Ungleichheit und mit der Frage, wie Zugehörigkeit unter Bedingungen von Zwangsmobilität gestaltet wird.

Die Gleichzeitigkeit von Fachkräfteanwerbung und restriktiver Flüchtlingspolitik zeigt, dass Migration nicht als transkulturelle Normalität, sondern selektiv entlang von Nützlichkeit und kultureller Passung bewertet wird. Leitkultur- und Integrationslogiken fungieren dabei als implizite Filter, die Zugehörigkeit normieren, anstatt die real existierende transkulturelle Verfasstheit der Gesellschaft anzuerkennen.

Bildungsmigration

Unter Bildungsmigration werden Wanderungsbewegungen von Personen gefasst, die ein anderes Land aufsuchen, um dort ein Studium oder eine berufliche Ausbildung zu absolvieren (Loy, 2016, S.69–70). Diese Form der Migration ist häufig zeitlich begrenzt, da viele Studierende nach Abschluss ihrer Qualifikation in ihr Herkunftsland zurückkehren oder ihre Bildungs- und Berufsbiografien transnational fortsetzen. Bildungsmigration ist damit ein genuin zirkuläres Phänomen, das nationale Bildungsräume überschreitet und miteinander verschränkt. Bildungsmigration trägt wesentlich zum globalen Wissens- und Kompetenztransfer bei. Sie fördert die internationale Vernetzung von Wissenschaft, Wirtschaft und Kultur und wirkt als Katalysator für transnationale Lernprozesse. Hochschulen fungieren in diesem Zusammenhang als zentrale Knotenpunkte, an denen Wissen nicht nur vermittelt, sondern kulturell übersetzt und neu kontextualisiert wird.

Zugleich verändert Bildungsmigration die akademischen und sozialen Räume der aufnehmenden Gesellschaften. Studierende aus unterschiedlichen sozialen, kulturellen und sprachlichen Kontexten erweitern die Vielfalt an Hochschulen und eröffnen Räume interkultureller Aushandlung. Diese Vielfalt ist jedoch kein Selbstläufer. Ob Bildungsmigration zu tatsächlicher Teilhabe und wechselseitigem Austausch führt, hängt maßgeblich von institutionellen Rahmenbedingungen, Anerkennungsstrukturen und Zugängen zu sozialer Integration ab. Bildungsmigration macht damit sichtbar, dass auch Bildung kein machtfreier Raum ist, sondern ein Feld, in dem Zugehörigkeit, Exklusion und Mobilitätschancen aktiv produziert werden.

Familienmigration

Familienmigration bezeichnet Migrationsbewegungen, die der Wiedervereinigung mit bereits ausgewanderten Familienangehörigen dienen. Sie ist weniger von ökonomischen oder bildungsbezogenen Motiven geprägt als von sozialen Bindungen, Fürsorgebeziehungen und dem Bedürfnis nach emotionaler Sicherheit. Familienmigration macht damit sichtbar, dass Migration nicht nur eine individuelle Entscheidung, sondern ein relationaler Prozess ist, der in familiäre Lebenszusammenhänge eingebettet bleibt. Für Migrant*innen spielt Familienmigration eine zentrale Rolle für soziale Stabilität und psychosoziales Wohlbefinden. Familiäre Netzwerke bieten Unterstützung bei der Alltagsbewältigung, Orientierung im neuen sozialen Umfeld und Schutz vor Isolation. Sie wirken damit als zentrale Ressource für gesellschaftliche Teilhabe, gerade unter Bedingungen rechtlicher Unsicherheit oder sozialer Marginalisierung. Auch für die Aufnahmegesellschaft besitzt Familienmigration eine integrative Bedeutung. Durch die Stabilisierung sozialer Beziehungen fördert sie langfristige Bleibeperspektiven, soziale Kohäsion und lokale Verankerung. Familienmigration trägt somit zur Normalisierung von Migration bei: Migration erscheint hier nicht als temporäre Ausnahme, sondern als Teil alltäglicher Lebensführung und gesellschaftlicher Reproduktion. Zugleich ist Familienmigration stark reguliert (Quelle). Fragen des Aufenthaltsrechts, der ökonomischen Absicherung oder der Anerkennung familiärer Beziehungen strukturieren, wer Familie leben darf und unter welchen Bedingungen. Familienmigration macht damit exemplarisch sichtbar, wie tief Migration in staatliche Ordnungsvorstellungen von Zugehörigkeit, Normalität und Legitimität eingebettet ist.

Umweltmigration

Umweltmigration umfasst die Migration von Menschen, die aufgrund von Umweltveränderungen oder Naturkatastrophen ihre Heimat verlassen müssen. Dazu zählen Ereignisse wie Überschwemmungen, Dürren, Erdbeben oder der Anstieg des Meeresspiegels. Diese Form der Migration wird im Zuge des globalen Klimawandels zunehmend an Bedeutung gewinnen. Umweltmigrant*innen benötigen besondere Unterstützung bei der Anpassung an neue Lebensumstände und beim Aufbau nachhaltiger Existenzgrundlagen (Tab. 1).

Tab. 1 Formen der Migration und ihre Chrakteristika. (Eigene Darstellung)

Migrationsform	Zentrale Motive	Charakteristische Merkmale	Aktuelle Entwicklungen/Herausforderungen
Arbeitsmigration	Ökonomische Verbesserung, Beschäftigung, Einkommenssicherung	Heterogene Qualifikationsprofile; rechtlich stark reguliert; temporär oder dauerhaft	Zunehmende Anwerbung von Fachkräften in Mangelberufen (z. B. Pflege, Bau); gleichzeitige Prekarisierung geringqualifizierter Arbeitsmigration; Fragen sozialer Absicherung und langfristiger Teilhabe
Fluchtmigration	Schutz vor Krieg, Gewalt, Verfolgung, existenziellen Krisen	Unfreiwillige Migration; hohe Vulnerabilität; völkerrechtlicher Schutzrahmen	Anhaltend hohe globale Fluchtzahlen; restriktive Asylpolitiken in Aufnahmestaaten; Spannungsfeld zwischen humanitärem Anspruch und migrationspolitischer Steuerung
Bildungsmigration	Erwerb von Bildungs- und Qualifikationsabschlüssen	Häufig zeitlich begrenzt; zirkulär oder transnational; institutionell eingebettet	Wachsende internationale Studierendenmobilität; Bedeutung für Wissens- und Fachkräftetransfer; ungleiche Zugänge zu Bildung und sozialer Integration
Familienmigration	Familienzusammenführung, soziale Bindungen, Fürsorge	Relationaler Charakter; langfristige Bleibeperspektiven	Starke rechtliche Regulierung; Bedeutung für soziale Stabilisierung und Integration; Konflikt zwischen staatlicher Steuerung und familialen Rechten
Umweltmigration	Umweltzerstörung, Klimawandel, Naturkatastrophen	Häufig intern oder regional; rechtlich kaum geschützt	Zunehmende Relevanz durch Klimawandel; fehlende völkerrechtliche Anerkennung; hohe Anpassungs- und Unterstützungsbedarfe

Migration als Gesellschaft in Bewegung

Migration ist eine konstante Begleiterscheinung menschlicher Gesellschaften seit ihren frühesten Anfängen. Der sesshaften Lebensweise ging über lange Zeit ein nomadisches Dasein voraus. Bewegung, nicht Verortung, bildet den historischen Normalfall menschlicher Existenz. Migration besitzt damit eine deutlich längere Geschichte als territoriale Ansprüche auf klar abgegrenzte Räume. Grenzen, staatliche Territorien und Grenzkontrollen sind ein vergleichsweises junges Phänomen. Sie entstehen erst im Zuge moderner Staatlichkeit und markieren eine historische Abweichung von dem zehntausende Jahre alten Praxis menschlicher Mobilität. Ausweisdokumente wie Pässe oder Identitätsnachweise sind keine anthropologischen Konstanten, sondern Produkte moderner Verwaltungs- und Kontrollregime. Trotz ihrer kurzen historischen Existenz entfalten Grenzen und Dokumente heute enorme soziale Wirkmacht: Sie strukturieren Bewegungsfreiheit, entscheiden über Zugehörigkeit und Ausschluss und machen Mobilität zu einer ungleich verteilten Ressource. Bei jedem Grenzübertritt, jeder Kontrolle und nicht zuletzt in globalen Rankings zur „Stärke" von Pässen wird sichtbar, wie stark Migration politisch reguliert und hierarchisiert ist. Mobilität erscheint damit nicht als natürliches Recht, sondern als privilegierte Möglichkeit, abhängig von Staatsangehörigkeit, Herkunft und geopolitischer Positionierung. Migration verweist in diesem Sinne nicht nur auf Bewegung, sondern auf Macht: auf die historisch kontingente Ordnung von Grenzen, die darüber entscheidet, wer sich bewegen darf und wer nicht.

Übersicht

Brecht (1961) spitzte die Bedeutung des zufällig bei Geburt erhaltenen Passes schon vor Jahrzehnten deutlich zusammen:

> Der Pass ist der edelste Teil von einem Menschen. Er kommt auch nicht auf so eine einfache Weise zustande wie ein Mensch. Ein Mensch kann überall zustande kommen, auf die leichtsinnigste Art und ohne gescheiten Grund, aber ein Pass niemals. Dafür wird er auch anerkannt, wenn er gut ist, während ein Mensch noch so gut sein kann und doch nicht anerkannt wird (S. 102).

Während Migration somit ein dauerhaftes Phänomen ist, so ändert sich doch der Umgang mit ihr von Epoche zu Epoche und von Land zu Land.

Migrationspolitiken sind Ausdruck jeweils spezifischer gesellschaftlicher Ordnungsvorstellungen und ökonomischer Rahmenbedingungen. Sie regulieren nicht Migration an sich, sondern definieren, unter welchen Voraussetzungen Mobilität legitimiert, eingeschränkt oder sanktioniert wird. Diese Selektivität zeigt sich exemplarisch in der gegenwärtigen deutschen Migrationspolitik. Mit dem Fachkräfteeinwanderungsgesetz wird Migration als arbeitsmarktpolitisches Steuerungsinstrument genutzt. Ziel ist es, qualifizierte Arbeitskräfte aus Drittstaaten für den deutschen Arbeitsmarkt zu gewinnen und damit strukturellen Engpässen infolge des demografischen Wandels zu begegnen. Migration wird hier funktionalisiert und in ökonomische Verwertungslogiken eingebettet. Parallel dazu werden Maßnahmen zur Durchsetzung der Ausreisepflicht ausgeweitet. Die Verschärfung von Abschiebe- und Rückführungsregelungen betrifft insbesondere Personen ohne gesicherten Aufenthaltsstatus. In diesem Politikfeld dominiert eine ordnungs- und sicherheitspolitische Perspektive, die Migration als zu regulierendes Risiko behandelt.Die Koexistenz dieser beiden Politikansätze verweist auf die innere Widersprüchlichkeit moderner Migrationsregime. Migration wird nicht als allgemeine gesellschaftliche Normalität verstanden, sondern entlang rechtlicher Kategorien, ökonomischer Nützlichkeit und institutionell definierter Zugehörigkeit differenziert. Migrationspolitik fungiert damit als zentrales Instrument sozialer Ordnung und politischer Grenzziehung.

Infolge technischer Neuerung und der sich immer schneller verändernden Gesellschaften, ändert sich auch die Art und Weise der Migration, wie auch ihre globale Bedeutung. Durch die radikalen Erneuerungen in Telekommunikation, Mobilität und Transport entsteht eine Verdichtung von Zeit und Raum (Harvey, 1992, S. 260). Während man vor 200 Jahren für eine Weltreise Jahre benötigte, kann man heute mit Flugzeugen Fernreisen an einem Tag absolvieren. Bei der Telekommunikation ist die Zeit-Raum-Verdichtung extremer: Für eine Nachricht aus einem fernen Land brauchte man vor 200 Jahren manchmal Monate, während heute über Internet und Smartphones sofort kommuniziert werden kann.Die Migrant*innen aus Deutschland in die USA im 19. Jahrhundert benötigten Monate, um dorthin auszuwandern; ihre Entscheidung zur Migration war in der Regel schicksalhafter als heutige Migrationsbewegungen, auch wenn es auch heute noch monatelange Fluchtbewegungen gibt, deren Ursache allerdings nicht die technische Fortbewegungsmittel sind, sondern die repressiven Strukturen an den Grenzen. Die Migrant*innen des 19. Jahrhundert ließen ihre gesamten sozialen Netzwerke hinter sich, oft mit dem Wissen, dass sie diese nie wieder sehen würden. Wenn ein Familienmitglied starb, erfuhren sie, wenn überhaupt, erst Monate später davon und hatten somit keine Möglichkeit, an der Beerdigung teilzunehmen. Normalerweise begann mit der Migration ein völlig neues Kapitel in ihrem Leben. Durch die große Zeit-Raum-Verdichtung in der globalisierten Welt können Menschen heutzutage kurzfristige Migrationsbewegungen leisten. Sie können ihre Entscheidungen rückgängig machen, kurze Zeit später in ihr Heimatland zurückkehren oder sogar in ein anderes Land migrieren (Glick et al., 2001). Sie können durch die Möglichkeiten der Telekommunikation dauerhafte Kontakte mit ihrem Herkunftsland aufrechterhalten. Somit entstehen transnationale soziale Räume zwischen verschiedenen Ländern durch die Migration (Pries, 2008).

Hybride transnationale Dimension von Migration

Auch in Deutschland zeigen sich die Einflüsse der Transnationalisierung der Migration deutlich. Während Migration im 19. Jahrhundert häufig mit einer klaren Trennung von Herkunfts- und Aufnahmeland verbunden war, ist sie heute zunehmend durch zirkuläre Bewegungen und mehrfache Zugehörigkeiten gekennzeichnet. Migrant*innen pflegen oftmals enge familiäre, ökonomische und kommunikative Beziehungen in mehreren Ländern gleichzeitig. Diese Entwicklung lässt sich als Ausdruck einer „transkulturellen Vergesellschaftung" verstehen, in der kulturelle Praktiken und soziale Bindungen nicht mehr national begrenzt, sondern global verflochten sind (Erfurt, 2021, S. 87).

> Laut Daten des Statistischen Bundesamtes (Destatis, 2024) hat inzwischen mehr als ein Viertel der Bevölkerung in Deutschland einen Migrationshintergrund, und laut der OECD (2024) wurden rund 18,2 % der Bevölkerung im Ausland geboren, ein Anstieg um etwa 50 % seit 2013. Diese Zahlen belegen, dass Migration heute kein einmaliger Übergang mehr ist, sondern Teil transnationaler Lebensentwürfe geworden ist, in denen physische, soziale und digitale Mobilität ineinandergreifen.

Wie Moebius (2016, S. 115 ff.) hervorhebt, sind Mobilitäts- und Vernetzungsprozesse nicht allein ökonomischer Natur. Sie besitzen eine ausgeprägte kulturelle Dimension, insofern sie Kommunikationsformen, Identitätsentwürfe und

Vorstellungen von Gemeinschaft grundlegend transformieren. Migration verändert damit nicht nur Arbeitsmärkte oder demografische Strukturen, sondern auch die symbolischen Ordnungen, in denen Zugehörigkeit und soziale Nähe verhandelt werden.

Transnationale Beziehungen zwischen Deutschland und Herkunftsländern wie der Türkei, Polen, Russland oder Syrien bilden in diesem Sinne hybride soziale Räume. In ihnen überlagern sich unterschiedliche kulturelle Bezugssysteme, Erfahrungen und Praktiken. Kultur entsteht hier nicht durch eindeutige Zuordnung zu nationalen Räumen, sondern durch fortlaufende Übersetzungs- und Aushandlungsprozesse. Transnationalisierung verweist damit auf eine Form sozialer Realität, die sich jenseits klarer territorialer und kultureller Grenzziehungen konstituiert. Diese Entwicklung steht in Deutschland in engem Zusammenhang mit den jeweiligen historischen Migrationsbewegungen. In der Nachkriegszeit dominierten arbeitsmarktpolitische Interessen: Deutschland und andere Industriestaaten waren auf zusätzliche Arbeitskräfte angewiesen, sodass Arbeitsmigration gezielt gefördert wurde. Migration wurde in dieser Phase primär ökonomisch funktionalisiert und als temporäres Phänomen begriffen.

Mit der Wirtschaftskrise von 1973 und dem Anwerbestopp veränderte sich diese Logik grundlegend. Arbeitsmigration wurde politisch begrenzt, zugleich gewann Familienmigration an Bedeutung, da viele Arbeitsmigrant*innen dauerhaft in Deutschland blieben und ihre Familien nachholten. Parallel dazu versuchten staatliche Akteure, Migration zunehmend durch restriktive und repressive Maßnahmen zu steuern, bis hin zu Abschiebungen und Rückkehrprogrammen.

Diese widersprüchliche Entwicklung, zwischen faktischer Verfestigung transnationaler Lebenszusammenhänge und politischer Begrenzung von Mobilität, macht deutlich, dass Migration nicht nur eine soziale Realität ist, sondern ein dauerhaft umkämpftes Feld gesellschaftlicher Ordnungspolitik.

Seit den 1980er-Jahren lassen sich drei weitere wichtige Migrationsbewegungen identifizieren:

- Erstens mehrere Flüchtlings- und Asylbewegungen (z. B. während der Balkankriege, aus Syrien, Afghanistan und jüngst der Ukraine).
- Zweitens die Erweiterung der Europäischen Union und damit der Zuzug von EU-Bürger:innen im Rahmen der Freizügigkeit.
- Drittens die gezielte Zuwanderung von Fachkräften angesichts einer alternden Bevölkerung und steigendem Bedarf auf dem Arbeitsmarkt.

Aktuelle Zahlen unterstreichen diese Entwicklungen: Deutschland verzeichnete laut Statistischem Bundesamt (2025) im Jahr 2024 eine Nettozuwanderung von rund 430 000 Personen, nachdem 2023 noch etwa 663 000 Personen netto zugewandert waren (Destatis 2025). Auf globaler Ebene steigt die Zahl der Geflüchteten kontinuierlich, Ende 2024 lag sie bei etwa 123,2 Mio. Menschen weltweit. Diese Zahlen verdeutlichen: Migration bleibt ein zentrales Thema gesellschaftlicher Dynamik.

Eine weitere aktuelle Entwicklung steht in engem Zusammenhang mit den jüngeren Fluchtbewegungen, ist jedoch nicht deren unmittelbare Folge, sondern Ergebnis politischer Deutungen und Entscheidungen aufseiten der gegenwärtigen und vergangenen Bundesregierungen. Gemeint ist die verstärkte Anwendung von Grenzkontrollen sowie systematischer Zurückweisungen an den deutschen Landesgrenzen. Empirische Studien weisen darauf hin, dass Deutschland seit 2023 einen deutlich restriktiveren Kurs in der Grenz- und Asylpolitik verfolgt. Dieser äußert sich unter anderem in der Wiedereinführung stationärer Kontrollen an Landgrenzen sowie in der Praxis massenhafter Zurückweisungen von Schutzsuchenden (Engler et al., 2025). Migration wird damit nicht primär als humanitäre oder soziale Herausforderung behandelt, sondern als sicherheits- und ordnungspolitisches Problem gerahmt.

Diese Entwicklung markiert eine Verschiebung im migrationspolitischen Selbstverständnis: Grenzkontrollen fungieren weniger als Ausnahmeinstrumente, sondern zunehmend als reguläres Mittel politischer Steuerung. Flucht wird dadurch nicht nur administrativ reguliert, sondern symbolisch problematisiert. Die Grenze wird zum zentralen Ort politischer Sichtbarkeit, an dem staatliche Handlungsfähigkeit demonstriert und Zugehörigkeit neu verhandelt wird.

Herausforderungen und Chancen von Migration für die Aufnahmegesellschaft

Migration bringt für Aufnahmegesellschaften ein breites Spektrum an wirtschaftlichen, sozialen und kulturellen Dynamiken mit sich. Während in den 1950er- und 1960er-Jahren Anwerbeabkommen die gezielte Arbeitsmigration nach Deutschland regelten, prägen heute Fluchtbewegungen, Fachkräftezuwanderung und EU-

Binnenmigration das Migrationsgeschehen (Oltmer, 2017). Diese Entwicklungen führen zu einer tiefgreifenden gesellschaftlichen Transformation, die sowohl neue Herausforderungen als auch substanzielle Chancen eröffnet.

Wirtschaftliche Chancen und strukturelle Abhängigkeiten

In einer alternden Gesellschaft wie Deutschland ist Migration zu einem zentralen Faktor der Arbeitsmarktstabilität geworden. Empirische Studien zeigen, dass Zuwanderung nicht nur demografische Lücken schließt, sondern auch fiskalisch wirksam ist: Eine jährlich um 200.000 Personen höhere Nettozuwanderung kann die langfristige Finanzierungslücke des Staatshaushalts um rund 104 Mrd. EUR reduzieren (Werding, 2025, S. 10).

Besonders in Branchen wie Pflege, Logistik, Bau und Gastronomie ist die Funktionsfähigkeit zunehmend von migrantischer Arbeit abhängig. In vielen Versorgungsbereichen würde ohne migrantische Beschäftigte kaum noch etwas funktionieren (Wolf, 2022). Mit dem altersbedingten Ausscheiden der geburtenstarken Jahrgänge dürfte sich diese Abhängigkeit weiter verstärken.

Gleichzeitig stehen dieser ökonomischen Realität erhebliche Integrationshemmnisse gegenüber, etwa unzureichende Anerkennung von Qualifikationen, Sprachbarrieren und restriktive Aufenthaltsregelungen. Migration ist daher nicht nur arbeitsmarktpolitische Notwendigkeit, sondern eine dauerhafte Strukturbedingung einer global verflochtenen Ökonomie, deren Potenzial maßgeblich von politischen und institutionellen Rahmenbedingungen abhängt.

Gesellschaftliche und kulturelle Dynamiken

Über die ökonomische Dimension hinaus birgt Migration das Potenzial, gesellschaftliche und kulturelle Selbstverständnisse zu verändern. In Anlehnung an Welsch (1999) und Erfurt (2021) lässt sich diese Entwicklung als Ausdruck einer transkulturellen Dynamik begreifen: Die Aufnahmegesellschaft ist nicht bloß Ziel, sondern selbst Teil fortwährender Aushandlungsprozesse, in denen kulturelle Formen, Werte und Lebensweisen neu kombiniert und transformiert werden. Kulturelle Vielfalt sollte daher nicht primär als Herausforderung der Integration, sondern als Prozess der gegenseitigen Transformation verstanden werden. Migrant*innen bringen Perspektiven, Praktiken und ästhetische Ausdrucksformen mit, die bestehende kulturelle Muster durchbrechen und erweitern.

Demografischer Wandel

Der demografische Wandel stellt eine der größten gesellschaftlichen und wirtschaftlichen Herausforderungen Deutschlands dar.

Nach der aktuellen Bevölkerungsprognose des Instituts der deutschen Wirtschaft wird Deutschland bis 2040 rund 4,8 Mio. Personen im erwerbsfähigen Alter (15–66 Jahre) allein durch Zuwanderung hinzugewinnen. Ohne diesen Zuzug würde die Erwerbsbevölkerung um etwa 13,9 % schrumpfen, was einem Rückgang von fast fünf Millionen Menschen entspricht (Deschermeier & Geis-Thöne, 2024, S. 2–3).

Migration ist ein zentraler Faktor zur Stabilisierung des Arbeitsmarkts und zur Abfederung der demografischen Folgen des Renteneintritts der Babyboomer-Generation. Wie Kubis und Schneider (2024) zeigen, ist Deutschland langfristig auf kontinuierliche Zuwanderung angewiesen, um das Erwerbspersonenpotenzial zu sichern. Ohne Nettozuwanderung würde dieses bis 2060 um rund ein Viertel sinken. Selbst bei steigender Erwerbsbeteiligung wäre eine jährliche Nettozuwanderung von 250.000 bis 300.000 Personen notwendig, um das heutige Niveau zu halten (S. 12–13).

Auch aktuelle Bevölkerungsanalysen bestätigen diese Abhängigkeit. Zwischen 2010 und 2023 stieg die Zahl der Erwerbspersonen auf 47,1 Mio., wobei ein erheblicher Teil dieses Zuwachses auf Zuwanderung zurückgeht (Deschermeier & Geis-Thöne, 2024, S. 1–2). Ohne diese Entwicklung wäre der Fachkräftemangel bereits deutlich ausgeprägter.

Zugleich warnen beide Studien davor, Migration auf quantitative Effekte zu reduzieren. Entscheidend ist die nachhaltige Integration in den Arbeitsmarkt.

Nur wenn Zugewanderte dauerhaft sozialversicherungspflichtig beschäftigt sind und als Nettozahler*innen in die Sozial- und Steuersysteme eingebunden werden, kann Migration die ökonomischen Folgen des demografischen Wandels tatsächlich abfedern (Deschermeier & Geis-Thöne, 2024, S. 3; Kubis & Schneider, 2024, S. 14–15).

Herausforderung der Migration

Strukturelle und institutionelle Hürden

Ein zentrales Handlungsfeld betrifft die institutionellen Strukturen, in denen Migration verwaltet und begleitet wird. Besonders sichtbar wird dies in den Ausländerbehörden, denen laut Schlee et al. (2023) eine zentrale, zugleich ambivalente Rolle zukommt. Sie bewegen sich „zwischen Anspruch und Alltag“: Einerseits sollen sie Integrationsprozesse unterstützen, andererseits sind sie in restriktive rechtliche Vorgaben eingebunden, die Kontrolle und Verwaltung priorisieren (S. 41–44).

Diese strukturelle Spannung führt häufig zu Überlastung, ineffizienten Verfahren und einer Atmosphäre des Misstrauens. Lange Bearbeitungszeiten, unzureichende digitale Infrastruktur und unklare Zuständigkeiten erschweren Integration erheblich. Für viele Migrant*innen werden Ausländerbehörden so zu Orten asymmetrischer Machtverhältnisse, was Vertrauen in staatliche Institutionen untergräbt und Integrationsprozesse verzögert.

Bildung, Arbeitsmarkt und ungenutzte Potenziale

Auch im Bildungs- und Beschäftigungssystem bestehen strukturelle Barrieren. Der Sachverständigenrat für Integration und Migration (SVR, 2023) zeigt, dass Kinder mit Migrationsgeschichte trotz vergleichbarer Leistungen seltener Gymnasialempfehlungen erhalten. Diese Benachteiligung setzt sich im Arbeitsmarkt fort: Bewerber*innen mit ausländisch klingenden Namen oder im Ausland erworbenen Abschlüssen haben signifikant geringere Chancen auf Einladung zu Vorstellungsgesprächen (Köhler & Wiemann, 2025). In der Folge bleiben Qualifikationen systematisch ungenutzt. Wie Kubis und Schneider (2024) betonen, ließe sich das Erwerbspotenzial durch bessere Anerkennung und chancengleichen Zugang deutlich stabilisieren. Diskriminierung und institutionelle Trägheit verhindern jedoch häufig, dass Migration als Chance wirksam wird und Menschen mit Migrationsgeschichte schneller am Arbeitsmarkt partizipieren können.

Psychosoziale Belastungen und soziale Herausforderungen

Neben strukturellen Barrieren wirken psychische und soziale Belastungen als zusätzliche, oftmals unterschätzte Integrationshemmnisse. Viele Migrant*innen, insbesondere Geflüchtete, haben Erfahrungen von Gewalt, existenzieller Bedrohung,

Flucht und biografischer Entwurzelung gemacht. Diese Erfahrungen hinterlassen Spuren, die sich in Form von Traumatisierungen, chronischem Stress oder depressiven Symptomen äußern können und die alltägliche Orientierung, Lernprozesse sowie berufliche Integration erheblich beeinträchtigen (vgl. Schorn, 2017). Ohne angemessene Unterstützung bleiben solche Belastungen häufig unsichtbar und individualisiert. Integration wird dann implizit zur Frage persönlicher Belastbarkeit erklärt, während strukturelle und psychosoziale Bedarfe ausgeblendet werden. Vor diesem Hintergrund kommt professioneller psychosozialer Begleitung eine zentrale Bedeutung zu. Niedrigschwellige Beratungsangebote, traumasensible Unterstützungsstrukturen und verlässliche Zugänge zu psychosozialer Versorgung sind keine ergänzenden Maßnahmen, sondern grundlegende Voraussetzungen für gelingende Teilhabe und nachhaltige Integration.

Herausforderungen und Chancen von Migration für die Migrant*innen

Migration eröffnet Menschen neue Perspektiven und Möglichkeiten, aber sie ist zugleich mit tiefgreifenden sozialen, kulturellen und ökonomischen Umbrüchen verbunden.

Chancen von Migration

Verbesserte Bildungs- und Arbeitsbedingungen

Ein zentrales Motiv vieler Migrant*innen ist die Suche nach verbesserten Bildungs- und Erwerbschancen. In globalisierten Arbeitsmärkten eröffnen insbesondere Industrieländer wie Deutschland Möglichkeiten, vorhandene Qualifikationen einzusetzen, auszubauen oder neu zu erwerben. Fachkräfte profitieren dabei häufig von vergleichsweise stabilen Beschäftigungsverhältnissen, geregelten Arbeitsbedingungen und institutionalisierten Weiterbildungsstrukturen. Auch für Studierende und Auszubildende entstehen transnationale Mobilitätswege, die berufliche Entwicklung mit dem Erwerb sozialer und kultureller Kompetenzen verbinden. Diese Perspektiven sind jedoch nicht allein ökonomisch zu verstehen. Migration geht mit einer Erweiterung kulturellen Kapitals einher, indem Menschen neue Bildungssysteme, Berufskulturen und gesellschaftliche Praktiken kennenlernen. In Anschluss an Pierre Bourdieu (2012a) lässt sich Migration daher als Prozess des Kapitaltransfers und der Kapitaltransformation begreifen. Der Erwerb einer neuen Sprache oder interkultureller Kompetenzen kann etwa das kulturelle Kapital erweitern und neue Formen sozialer Mobilität eröffnen.

Sicherheit und Stabilität

Für Menschen mit Fluchtgeschichte steht nicht primär der ökonomische Gewinn, sondern die Sicherung des Lebens im Vordergrund. Migration wird hier zur existenziellen Überlebensstrategie. Der Schutz vor Krieg, Gewalt und Verfolgung sowie der Zugang zu medizinischer Versorgung, Bildung und rechtlicher Sicherheit bilden zentrale Chancen einer gelungenen Fluchtmigration (Ther, 2017). Diese Stabilität ermöglicht es Geflüchteten, langfristig wieder Lebensperspektiven zu entwickeln und aktiv am gesellschaftlichen Leben teilzunehmen.

Persönliche Entwicklung und Transkulturalität

Ein zentrales Motiv vieler Migrant*innen ist der Wunsch nach besseren Bildungs- und Erwerbsperspektiven. In globalisierten Arbeitsmärkten bieten insbesondere Industrieländer wie Deutschland Möglichkeiten, Qualifikationen einzusetzen, weiterzuentwickeln oder neu zu erwerben. Fachkräfte profitieren dabei häufig von stabileren Beschäftigungsverhältnissen, geregelten Arbeitsbedingungen und institutionalisierter Weiterbildung. Auch für Studierende und Auszubildende eröffnen sich transnationale Mobilitätswege, die berufliche Entwicklung mit dem Erwerb sozialer und kultureller Kompetenzen verbinden. Diese Dynamiken sind jedoch nicht allein ökonomisch zu verstehen. Migration geht mit der Erweiterung kulturellen Kapitals einher, indem neue Bildungssysteme, Berufskulturen und gesellschaftliche Praktiken erschlossen werden. In Anlehnung an Pierre Bourdieu (2012a) lässt sich Migration daher als Prozess der Kapitaltransformation begreifen: Der Erwerb neuer Sprach- und interkultureller Kompetenzen kann kulturelles Kapital erweitern und zusätzliche soziale Mobilitätschancen eröffnen.

Risiken und Herausforderungen von Migration

Rassismus und Diskriminierung

Trotz der vielfach betonten Potenziale von Migration sind Menschen mit Migrationsgeschichte in Deutschland weiterhin von struktureller Benachteiligung und Rassismus betroffen. Der Nationaler Diskriminierungs- und Rassismusmonitor (NaDiRa)-Monitoringbericht 2025 zeigt, dass rassistische Diskriminierung nahezu alle gesellschaftlichen Bereiche durchzieht, von Behörden und Bildungseinrichtungen bis hin zu Arbeits- und Wohnungsmärkten (S. 8–11). Besonders wirksam sind dabei indirekte, schwer nachweisbare Formen institutioneller Diskriminierung, etwa durch bürokratische Hürden, stereotype Zuschreibungen oder ungleiche Bewertungsmaßstäbe.

Auch im Bildungssystem bestehen fortdauernde Ungleichheiten. Laut dem Sachverständigenrat für Integration und Migration (SVR, 2023) erhalten Kinder mit Migrationsgeschichte selbst bei vergleichbaren Leistungen seltener Empfehlungen für weiterführende Schulen. Diese frühen Benachteiligungen wirken sich langfristig auf Bildungs- und Erwerbsverläufe aus. Auf dem Arbeitsmarkt zeigen Studien zur Einstellungspraxis, dass Bewerber*innen mit ausländisch klingenden Namen oder im Ausland erworbenen Qualifikationen seltener zu Vorstellungsgesprächen eingeladen werden (Köhler & Wiemann, 2025). Dadurch bleiben vorhandene Kompetenzen systematisch ungenutzt, mit erheblichen sozialen und wirtschaftlichen Folgekosten.

Bürokratische und institutionelle Barrieren

Ein weiterer zentraler Faktor für die Integration ist der institutionelle Rahmen, in dem Migration administriert wird. Nach Schlee, Schammann und Münch (2024, S. 13) agieren Ausländerbehörden oft in einem Spannungsfeld zwischen Integrationsförderung und Kontrolllogik. Ihre Arbeit ist durch hohe Fallzahlen, unklare Zuständigkeiten und restriktive Gesetzgebung geprägt. Für Migrant*innen bedeutet dies häufig Unsicherheit, lange Wartezeiten und das Gefühl, abhängig von bürokratischer Willkür zu sein.

Eine integrationsfördernde Verwaltungspraxis müsste stattdessen auf Transparenz, Beratung und Unterstützung setzen, um Vertrauen und Teilhabe zu stärken.

Ökonomische Unsicherheit

Viele Migrant*innen sehen sich in der Anfangsphase mit erheblichen finanziellen Belastungen konfrontiert, etwa durch Anerkennungsverfahren, geringe Einstiegslöhne oder instabile Beschäftigungsverhältnisse. Zudem kann die Wahrnehmung von Migrant:innen als „billige Arbeitskräfte“ zu Ausbeutung und prekären Arbeitsbedingungen führen (Wolf, 2022). Aktuelle Daten des Statistischen Bundesamtes verdeutlichen die strukturellen Unterschiede zwischen Menschen mit und ohne Einwanderungsgeschichte. So verfügten im Jahr 2023 rund 41,8 % der Menschen mit Einwanderungsgeschichte im Alter von 25 bis 64 Jahren über keinen beruflichen Bildungsabschluss, während dieser Anteil bei Personen ohne Einwanderungsgeschichte lediglich 11,8 % betrug (Roder & Lüken, 2024, S. 5).

Trotz gestiegener Qualifikationen in jüngeren Zuwanderungsgruppen, etwa 42,6 % mit Hochschulabschluss unter den nach 2020 Zugezogenen, zeigt sich eine etwas geringere Erwerbsbeteiligung: 2023 nahmen 68 % der Bevölkerung mit Einwanderungsgeschichte am Erwerbsleben teil, gegenüber 70,7 % der Menschen ohne Einwanderungsgeschichte (Roder & Lüken, 2024, S. 6). Während die Unterschiede bei der Erwerbsquote relativ gering sind, sind sie mehr als deutlich bei der Betrachtung Armutsgefährdung: Mit einer Quote von 24 % ist sie bei Personen mit Migrationsgeschichte mehr als doppelt so hoch wie bei der übrigen Bevölkerung (11,1 %). Auch unter Erwerbstätigen zeigt sich eine deutliche Differenz: 14,2 % der arbeitenden Menschen mit Einwanderungsgeschichte sind trotz Beschäftigung armutsgefährdet, gegenüber 6,4 % der Erwerbstätigen ohne Migrationshintergrund (Roder & Lüken, 2024, S. 6).

Diese Zahlen verdeutlichen, dass Menschen mit Migrationsgeschichte trotz zunehmender Bildungsabschlüsse und Arbeitsmarktintegration strukturell benachteiligt bleiben.

Sozialpolitische Rahmenbedingungen und Diskriminierungsfragen

Wandel und Kontinuität im Integrationsdiskurs

Der Integrationsdiskurs bildet seit Jahrzehnten einen zentralen Rahmen für die gesellschaftliche Wahrnehmung, politische Regulierung und wissenschaftliche Analyse von Migration in Deutschland. In machttheoretischer Perspektive, insbesondere bei Michel Foucault, ist Diskurs kein neutrales Beschreibungsinstrument, sondern ein Geflecht aus Wissen, Normen und institutionellen Praktiken, das soziale Wirklichkeit aktiv hervorbringt. Diskurse strukturieren, welche Deutungen legitim sind, wer sprechen darf und welche Positionen marginalisiert werden.

Migration wird dadurch nicht nur politisch gesteuert, sondern kulturell interpretiert. Wie Klinglmayr (2025) zeigt, fungieren Migrations- und Kulturdiskurse als Ordnungskräfte gesellschaftlicher Sinnproduktion. Sie prägen, ob Migration als Bereicherung oder Bedrohung erscheint und welche Maßnahmen als angemessen gelten.

Ein ressourcenorientierter Diskurs kann inklusivere Integrationspolitiken fördern, während bedrohungsorientierte Deutungen Restriktion und soziale Spannungen begünstigen. Auffällig ist dabei, dass der Diskurs überwiegend aus der Perspektive der Aufnahmegesellschaft geführt wird; die Erfahrungen von Migrant*innen selbst bleiben häufig randständig.

D. Kergel, J. El-Khatib, *Transkulturalität, Migration und Diversität*, essentials, https://doi.org/10.1007/978-3-658-51843-1_2

Schwerpunkte migrationsgesellschaftlicher Bildungsdiskurse

Paul Mecheril und andere identifizieren die Schwerpunkte wirkmächtiger migrationsgesellschaftlicher Bildungsdiskurse und modellieren diese chronologisch wie folgt (Mecheril et al., 2010, S. 56–58):

1960er-Jahre: Die Dekade diskursiver Stille

In den 1960er-Jahren wurde Migration kaum diskutiert und thematisiert, die einzige Ausnahme stellten punktuelle Debatten über die Anwerbeabkommen dar, bei denen es allerdings weniger um Migration und Integration ging, als um wirtschaftliche Notwendigkeiten. Die Perspektive der Menschen mit Migrationsgeschichte spielte dabei keine Rolle.

1970er-Jahre: Die Dekade des Defizitdiskurses

In den 1970er-Jahren, insbesondere ab dem Jahr 1973, in dem die Anwerbeabkommen beendet wurden, dominierten Defizitperspektiven, die Migrant*innen primär als problembehaftet und defizitär wahrnahmen. Es wurde angenommen, dass Migrant*innen nicht über die notwendigen Fähigkeiten und Kenntnisse verfügen, um sich erfolgreich in das Bildungssystem zu integrieren.

1980er-Jahre: Die Dekade des Differenzdiskurses

Die 1980er-Jahre brachten einen Wandel hin zu einer Anerkennung der kulturellen Unterschiede von Migrant*innen. Bildungsdiskurse begannen, die spezifischen Bedürfnisse und kulturellen Hintergründe von Migrant*innen stärker zu berücksichtigen, ohne jedoch die strukturellen Ungleichheiten zu hinterfragen. Erstmals wurde allerdings in größerem Rahmen die Frage nach Integration und gesellschaftlichen Realitäten diskutiert.

1990er-Jahre: Die Dekade des Dominanzdiskurses

In den 1990er-Jahren verlagerte sich der Diskurs zu einer stärkeren Betonung der Dominanzkultur. Migrant:innen wurden zunehmend in die Verantwortung genommen, sich der dominanten Kultur und Sprache anzupassen. Die Integrationsdebatte drehte sich um die Frage, wie Migrant:innen die Anforderungen der Mehrheitsgesellschaft erfüllen können. Das prägende, wenn auch nicht ausschließlich existierende Konzept, war das der Assimilation.

2000er-Jahre: Die Dekade der Disziplinierung

In den 2000er-Jahren fokussierte der Diskurs vermehrt auf die Disziplinierung und Kontrolle von Migrant*innen. Es wurden verstärkte Maßnahmen zur Überwachung und Regulierung von Migrant*innen eingeführt, um ihre Integration zu steuern und sicherzustellen, dass sie die normativen Erwartungen der Aufnahmegesellschaft erfüllen (Tab. 1).

Tab. 1 Diskursive Phasen des Integrationsdiskurses in Deutschland. (Eigene Darstellung)

Dekade	Diskursformation	Leitlogik	Subjektposition von Migrant*innen
1960er-Jahre	Diskursive Ausblendung	Ökonomische Funktionalisierung von Migration; Migration als temporärer Arbeitskräfteeinsatz	Unsichtbare Arbeitskräfte ohne gesellschaftliche Stimme
1970er-Jahre	Defizitdiskurs	Problematisierung nach dem Anwerbestopp; Integration als individuelles Leistungsproblem	Defizitäre Subjekte mit Bildungs- und Anpassungsmängeln
1980er-Jahre	Differenzdiskurs	Kulturelle Anerkennung ohne Machtkritik; Fokus auf „kulturelle Besonderheiten"	Kulturell Andere, deren Differenz pädagogisch bearbeitet wird
1990er-Jahre	Dominanzdiskurs	Normative Anpassung an die Mehrheitskultur; Integration als Bringschuld	Anpassungspflichtige Subjekte unter Assimilationsdruck
2000er-Jahre	Disziplinierungsdiskurs	Ordnungspolitik, Kontrolle und Steuerung; Integration als überprüfbarer Status	Regulierungs- und Kontrollobjekte staatlicher Politik

Die chronologische Modellierung von Mecheril et al. (2010, S. 56–58) verdeutlicht, wie sich migrationsgesellschaftliche Bildungsdiskurse über die Jahrzehnte hinweg verschoben haben und welche Deutungsmuster jeweils dominant waren. Diese Veränderungen spiegeln den Wandel gesellschaftlicher und politischer Einstellungen gegenüber Migration sowie unterschiedliche integrations- und bildungspolitische Strategien wider. Während in der wissenschaftlichen Debatte Konzepte wie Transkulturalität (Erfurt, 2021; Pähler, 2021) und die postmigrantische Gesellschaft (Naika Foroutan, 2019) an Bedeutung gewinnen, lassen sich in Teilen der politischen Debatte gegenläufige Tendenzen beobachten. Hier rücken erneut Abgrenzung, Defizitorientierung und ordnungspolitische Rahmungen von Migration in den Vordergrund.

Essers Integrationskonzept: Aufgabe der Menschen mit Migrationsgeschichte im Fokus und die Reproduktion von Machtverhältnissen

Im wissenschaftlichen Diskurs zählt das Integrationsmodell von Hartmut Esser zu den einflussreichsten klassischen Ansätzen in Deutschland. Integration wird hier als mehrstufiger Prozess der Eingliederung in bestehende soziale Systeme konzipiert,kognitiv, strukturell, sozial und kulturell. Als besonders erfolgreich gilt Integration dann, wenn Migrant*innen sich möglichst weitgehend anpassen, vor allem sprachlich und kulturell (Esser, 2001, 2003, 2006). Die Verantwortung liegt dabei nahezu vollständig bei den Zugewanderten; Anforderungen an die Aufnahmegesellschaft bleiben randständig.

Gerade hierin liegen die zentralen blinden Flecken des Modells. Strukturelle, institutionelle und diskriminierende Barrieren werden weitgehend ausgeblendet, während soziale Ungleichheit implizit als Folge individueller Anpassungsdefizite erscheint. Aus rassismuskritischer Perspektive wurde daher wiederholt kritisiert, dass Essers Ansatz gesellschaftliche Machtverhältnisse theoretisch neutralisiert und defizitäre Zuschreibungen wissenschaftlich stabilisiert. Empirische Befunde, etwa aus dem Nationaler Diskriminierungs- und Rassismusmonitor (NaDiRa) (2025) sowie von Salikutluk & Podkowik (2024), zeigen jedoch, dass Diskriminierung im Bildungssystem, auf dem Arbeitsmarkt und in Behörden kein Randphänomen, sondern ein strukturelles Muster ist. In einem solchen Kontext erweist sich ein Integrationsverständnis, das nahezu ausschließlich auf individuelle Anpassung setzt, als analytisch verkürzt und gesellschaftlich unzureichend.

Kritik des Integrationsbegriffs und des Esserchen Integrationskonzepts

Der Integrationsbegriff ist in der migrationsbezogenen Forschung seit Langem umstritten, da er häufig ein implizit hierarchisches Verhältnis zwischen einer vermeintlich homogenen Mehrheitsgesellschaft und als „anders“ markierten Migrant*innen reproduziert. Kritisiert wird insbesondere, dass Integration normative Anpassungserwartungen transportiert und Zugewanderte primär als defizitäre Subjekte adressiert (vgl. Foroutan, 2021). Auch El-Mafaalani weist darauf hin, dass problemorientierte Integrationsnarrative strukturelle Barrieren verdecken und Verantwortung individualisieren. Zugehörigkeit wird so an kulturelle Konformität gekoppelt, während Machtverhältnisse ausgeblendet bleiben.

Diese Kritik verdichtet sich exemplarisch am handlungstheoretischen Integrationsmodell von Hartmut Esser. Zwar differenziert Esser zwischen Kulturation, Platzierung, Interaktion und Identifikation, bleibt jedoch einem linearen, nationalstaatlich fixierten Integrationsverständnis verhaftet (Klinglmayr, 2025). Transnationale Mobilität, multiple Zugehörigkeiten und hybride Lebensformen werden kaum berücksichtigt. El-Mafaalani bezeichnet den Ansatz daher als unterkomplex, da er gegenwärtige Migrationsrealitäten nur unzureichend erfasst.

Aus transkultureller Perspektive, wie unter anderem bei Stephan Moebius, erweist sich dieses Integrationsverständnis als konzeptionell verkürzt. Kulturelle Identitäten gelten hier nicht als stabil oder klar abgrenzbar, sondern als Ergebnis fortlaufender Aushandlungs- und Transformationsprozesse. Postmigrantische und transkulturelle Ansätze fordern daher ein Verständnis gesellschaftlicher Teilhabe, das Pluralität, Machtasymmetrien und strukturelle Bedingungen systematisch berücksichtigt und Integration nicht länger als einseitige Anpassungsleistung begreift.

Hybridität statt Anpassung

In deutlichem Kontrast zu Hartmut Esser steht der Ansatz der Transkulturalität, wie er bei Welsch (1999), Erfurt (2021) sowie in neueren Arbeiten zu migrationsgesellschaftlichen Diskurskulturen bei Klinglmayr (2025) entwickelt wird. Transkulturalität geht nicht von klar voneinander abgegrenzten Kulturen aus, sondern versteht Kultur als dynamisches Beziehungsgeflecht, das sich durch Austausch, Überschneidung und Transformation kontinuierlich verändert. Migration erscheint hier nicht als Störung einer homogenen Mehrheitskultur, sondern als Normalfall kultureller Entwicklung. Während Essers Integrationsmodell auf Anpassung an eine vermeintlich stabile Leitkultur zielt, betont der transkulturelle Ansatz die pluralen, hybriden und konflikthaften Realitäten moderner Gesellschaften. Kultur ist demnach kein Besitz, sondern eine relationale Praxis. Soziale Ungleichheit und Diskriminierung werden folglich nicht individualisiert, sondern als Effekte historischer Machtverhältnisse verstanden, etwa kolonialer Ordnungen, nationalstaatlicher Grenzregime und rassifizierender Diskurse.

Wie Klinglmayr (2025, S. 120–137) zeigt, sind Diskurse dabei nicht bloß beschreibend, sondern ordnend: Sie legen fest, welche kulturellen Praktiken als „normal", „abweichend" oder „problematisch" gelten. Integrationsdiskurse sind somit eng mit rassifizierenden Ausschlüssen verschränkt, da kulturelle Markierungen häufig mit ungleichem Zugang zu Ressourcen, Rechten und gesellschaftlichem Status einhergehen. Vor diesem Hintergrund plädieren transkulturelle und postmigrantische Ansätze dafür, den Integrationsbegriff zugunsten des Konzepts der Inklusion zu überwinden. Inklusion, ursprünglich im Kontext von Behinderung entwickelt, zielt nicht auf Anpassung, sondern auf die systematische Beseitigung von Ausschlüssen. In diskurstheoretischer Perspektive lassen sich Exklusionen als Ergebnis innerer und äußerer Ausschließungsmechanismen verstehen. Trescher und Hauck (2020) zeigen, dass diese Mechanismen nicht auf Behinderung beschränkt sind, sondern auf andere Minderheiten, darunter Menschen mit Migrationsgeschichte, übertragbar sind.

Inklusion bezeichnet damit keinen Sonderstatus, sondern einen Perspektivwechsel: weg von der Anpassung der Anderen, hin zur kritischen Analyse jener Ordnungen, die Zugehörigkeit überhaupt erst begrenzen.

Frage nach Exklusionsprozessen

Hier steht die zentrale Frage im Raum, wer zum Diskurs zugelassen wird und wer nicht. Die Zugangsmöglichkeiten werden ausgehandelt, wodurch bestimmte Diskursgrenzen entstehen, die als unscharf und flexibel zu betrachten sind. Es ist oft unklar, welche Zugangsmöglichkeiten bestehen, um am Diskurs teilnehmen zu können. Exklusionspraxen legen fest, wer wann und wie viel sprechen darf und wer nicht sprechen darf. Der Begriff „sprechen darf" ist in diesem Kontext nicht nur auf die verbale Sprache beschränkt, sondern umfasst auch nonverbale Ausdrucks- und Gestaltungsformen. Innerhalb der Frage der Exklusion werden Personengruppen konstruiert, die durch bestimmte Zuschreibungen davon abgehalten werden, die notwendigen Zugangsvoraussetzungen zu erfüllen, um zum Diskurs zugelassen zu werden (Trescher & Hauck, 2020).

Frage nach dem Normalen

Die Frage nach dem Normalen verweist auf die Regeln und Normen, die einen Diskurs strukturieren. Entscheidend ist dabei die innere Ordnung des Diskurses: Was gilt als zulässig, was als abweichend und wer kennt diese Regeln überhaupt? Wer mit den impliziten Normen nicht vertraut ist, dessen Teilhabemöglichkeiten sind strukturell eingeschränkt.

Zentral reguliert wird der Diskurs durch den Anspruch auf Wahrheit. Das Normale fungiert dabei als ordnendes Prinzip, das bestimmt, welches Wissen als „wahr" gilt. Wahrheit erscheint jedoch nicht als objektive Gegebenheit, sondern entsteht, wie Trescher und Hauck (2020) betonen, in diskursiven Aushandlungsprozessen und Konsensen. Zugleich existieren stets alternative Wahrnehmungen und Deutungen, die außerhalb des dominanten Diskurses liegen.

Neue Wahrheiten können daher nur in neuen Diskursen entstehen. Sie bleiben jedoch kontingent und vorläufig. Wahrheit ist nie absolut, sondern Ausdruck spezifischer Macht- und Bedeutungsordnungen, die festlegen, was sagbar, hörbar und anerkennbar ist.

Frage nach dem Sprechenden

Im Zentrum steht damit die Frage nach Sprech- und Deutungshoheit: Wer darf sich äußern und wessen Wort zählt? Diskurse sind selektiv. Minderheiten werden häufig über defizitäre Zuschreibungen entpolitisiert; ihre Perspektiven gelten nicht als epistemisch relevant. Es geht daher nicht nur um Zugang, sondern um die machtvolle Festlegung dessen, was als legitim, vernünftig oder diskursfähig gilt.

Einen zentralen theoretischen Bezugspunkt liefert Gayatri Chakravorty Spivak. In Can the Subaltern Speak? unterscheidet sie zwischen Reden (talk) und Sprechen (speak). Sprechen ist kein individueller Akt, sondern ein relationaler Prozess, der erst gelingt, wenn dem Gesagten auch zugehört wird. Das berühmte „Die Subalterne kann nicht sprechen“ verweist somit nicht auf ein Defizit der Betroffenen, sondern auf Machtverhältnisse, die Zuhören systematisch verweigern.

Übertragen auf migrationsgesellschaftliche Kontexte zeigt sich: Migrant*innen haben eine Stimme, doch ihre Erfahrungen werden institutionell und politisch oft nicht anerkannt. Das „Nicht-Sprechen-Können“ entsteht daher nicht aufseiten der Betroffenen, sondern innerhalb gesellschaftlicher Ordnungen, die bestimmen, wessen Erfahrungen Bedeutung erhalten und wessen nicht.

Übersicht

Die von Sören Link öffentlich geäußerte Überlegung, im Kontext kommunaler Belastungsdiskussionen eine Rückführung von rumänischen EU-Bürger:innen zugunsten der Aufnahme syrischer Geflüchteter zu prüfen, macht diese Logik exemplarisch sichtbar. Unabhängig von ihrer rechtlichen Umsetzbarkeit entfaltet eine solche Aussage diskursive Wirkung: Migration erscheint hier als verhandelbare Größe, bei der Gruppen gegeneinander aufgerechnet werden können. Zugehörigkeit wird nicht entlang individueller Rechte oder Schutzbedarfe bestimmt, sondern entlang impliziter Kriterien von Nützlichkeit, Integrationsfähigkeit und politischer Akzeptanz.

Im Sinne Gayatri Chakravorty Spivak lässt sich dieses Beispiel als Praxis des Zum-Schweigen-Bringens lesen. Die betroffenen rumänischen Arbeitsmigrant:innen sprechen über prekäre Wohnverhältnisse, Ausbeutung und Diskriminierung, doch ihre Perspektiven finden in solchen Debatten kaum Gehör. Das Problem liegt damit nicht im fehlenden Reden, sondern im strukturellen Nicht-Zuhören, das Sprechen politisch unwirksam macht.

Analytisch verweist dieses Beispiel darauf, dass Migration im öffentlichen Diskurs nicht als transkulturelle Normalität, sondern als steuerbare Ressource behandelt wird. Gruppen werden nicht als Teil gesellschaftlicher Pluralität anerkannt, sondern relational gegeneinander positioniert. Für eine machtkritische Perspektive folgt daraus die Aufgabe, diese Logiken sichtbar zu machen und Teilhabe nicht als Gnadenakt, sondern als Recht auf Gehör zu verteidigen.

Ein machtkritischer Zugang verschiebt daher den Fokus von vermeintlichen Eigenschaften sozialer Gruppen auf die Praxis des Zum-Sprechen-Bringens oder Zum-Schweigen-Bringens. Migration erscheint dann nicht als individuelles Integrationsproblem, sondern als Ergebnis sozialer, institutioneller und diskursiver Barrieren, die Teilhabe begrenzen. Für die Soziale Arbeit folgt daraus die Aufgabe, diese Machtgefälle sichtbar zu machen und Räume zu eröffnen, in denen migrantische Perspektiven nicht nur artikuliert, sondern auch gehört und wirksam werden können.

Transkulturelle Perspektiven

Wer sein Unternehmen heute breit aufstellen und möglichst viel Personal gewinnen will, der versucht sich mit Begriffen wie Interkulturalität oder interkulturellen Trainings zu bewerben, die unkritische und auch unpräsize Verwendung zeigt zum einen wie wirkmächtig der Begriff Kultur in gesellschaftlichen und ökonomischen Kontexten ist, zum anderen aber auch seine Unbestimmtheit. Besonders im Feld internationaler Geschäftsbeziehungen wird Kultur häufig funktionalisiert: als erklärende Variable für Erfolg oder Misserfolg von Kommunikation, Verhandlungen und Kooperationen. Interkulturelle Kompetenz erscheint dabei als erlernbare Technik, die Effizienz steigert und ökonomische Risiken minimiert.

Exemplarisch lässt sich ein kulturalistisches Deutungsmuster nicht nur in der Werbung, sondern auch in Trainings- und Integrationskontexten beobachten, in denen Konflikte oder Kommunikationsprobleme allzu oft auf „kulturelle Unterschiede" zurückgeführt werden. So werden etwa Missverständnisse in Arbeits- oder Verhandlungssituationen routinemäßig als Folge „interkultureller Differenzen" erklärt, unbeachtet dabei bleiben jedoch Machtasymmetrien und institutionelle Rahmenbedingungen ebenso wie die Rollen und individuellen Verhaltensweisen. Vielmehr wird die Kultur zum zentralen Erklärungsansatz und Verhaltensweisen werden an die Herkunft, zugeschriebene Zugehörigkeit oder vermeintlich kollektive Mentalitäten gebunden. Kultur wird in diesem dadurch zu einer mehr oder minder für alle Angehörigen einer Gruppe zur festen Verhaltensweise und Unterschiede innerhalb der Gruppe werden negiert, gleichzeitig werden dadurch Verhalten erklärt, Differenz markiert und Zugehörigkeit festschreibt.

Ein solches Verständnis verfehlt jedoch die soziale Realität kultureller Prozesse. Es blendet historische, soziale und machtbezogene Dimensionen aus und reduziert komplexe Interaktionsdynamiken auf nationale oder ethnische Zuschreibungen.

D. Kergel, J. El-Khatib, *Transkulturalität, Migration und Diversität*, essentials, https://doi.org/10.1007/978-3-658-51843-1_3

Unterschiede innerhalb von Gruppen werden ebenso negiert wie Überschneidungen, Ambivalenzen und situative Aushandlungen. Kultur wird damit zu einer monolithischen Kategorie, die Menschen vereinheitlicht, wo Vielfalt vorherrscht, und Differenz naturalisiert, wo sie sozial produziert ist. Gerade darin liegt die gesellschaftliche Brisanz eines verkürzten Kulturbegriffs. Denn zwischen alltagssprachlichen, ökonomischen und wissenschaftlichen Verwendungsweisen bestehen erhebliche Differenzen. Während Kultur im populären Diskurs häufig als prägende Größe gedacht wird, die Individuen formt und festlegt, begreifen sozial- und kulturwissenschaftliche Ansätze Kultur als prozesshaft, relational und kontextabhängig. Kultur ist demnach kein Besitz und keine Eigenschaft, sondern ein offener Aushandlungsraum, in dem Bedeutungen, Praktiken und Zugehörigkeiten fortlaufend hervorgebracht, stabilisiert und verändert werden.

Eine kritische Auseinandersetzung mit dem Kulturbegriff ist daher nicht nur notwendig, um stereotype Zuschreibungen zu vermeiden. Sie ist zentral, um die politischen und gesellschaftlichen Effekte des Redens über „Kultur“ zu verstehen. Dies gilt insbesondere für Debatten um Migration und Integration, in denen der Kulturbegriff häufig normativ aufgeladen und instrumentell eingesetzt wird, oftmals in deutlicher Distanz sowohl zum wissenschaftlichen Verständnis als auch zur gelebten Alltagswirklichkeit der betroffenen Menschen.

Theoretische Grundlagen und Definitionen des Kulturbegriffs

Der Begriff „Kultur“ gehört zu den zentralen Grundbegriffen der Kultur- und Sozialwissenschaften und ist zugleich einer der am schwierigsten zu fassenden. Seine Vieldeutigkeit zeigt sich bereits im alltäglichen Sprachgebrauch, in dem sehr unterschiedliche Phänomene unter dem Begriff zusammengefasst werden. So ist etwa von „Feuilletonkultur“, „Unternehmenskultur“, „Hochkultur“ oder „Alltagskultur“ die Rede. Diese Beispiele verdeutlichen, dass Kultur sowohl künstlerische Ausdrucksformen als auch soziale Praktiken, Werte, Routinen und Lebensweisen bezeichnen kann. Der Kulturbegriff bewegt sich damit in einem breiten semantischen Feld, das zugleich beschreibende und bewertende Dimensionen umfasst.

Kultur – eine basale Arbeitsdefinition

Der Begriff Kultur geht auf das lateinische cultura zurück und bezeichnet ursprünglich Formen der Bearbeitung und Pflege, insbesondere im Sinne des Ackerbaus. Bereits diese etymologische Herkunft verweist auf ein grundlegendes Verständnis von Kultur als menschliche Tätigkeit der Gestaltung von Umwelt.

Kultur lässt sich damit zunächst als Gegenbegriff zur Natur fassen: Während Natur nicht vom Menschen geschaffen ist, entsteht Kultur dort, wo der Mensch Natur verändert, formt oder nutzt.

Kulturelle Praktiken sind stets sozial gebunden. Kultur ist kein universales, sondern ein gruppenspezifisches Phänomen, das sich in historisch gewachsenen Formen der Umweltaneignung ausdrückt. In dieser Gruppengebundenheit konstituiert Kultur Zugehörigkeit und Identität, zugleich aber auch Abgrenzung gegenüber anderen Gruppen (vgl. Welsch, 2010). Kultur ist daher immer relational angelegt und mit Differenzerfahrungen verbunden. Interkulturelle Begegnungen lassen sich vor diesem Hintergrund als Zusammentreffen unterschiedlicher Strategien der Umweltaneignung und -nutzbarmachung verstehen. Kultur weist dabei notwendig eine materielle Dimension auf. In technikphilosophischer Perspektive lässt sich Kultur als menschliche Praxis des Hervorbringens von Welt begreifen. In der tätigen Auseinandersetzung mit Umwelt werden Dinge, Bedeutungen und Ordnungen erzeugt, durch die Welt handhabbar, sichtbar und verstehbar wird: Über kulturelle Zuschreibungen wird mitbestimmt, was als normal, sinnvoll oder legitim gilt und wer als zugehörig oder fremd wahrgenommen wird. Dies zeigt sich etwa darin, dass bestimmte Sprachformen, Kleidungsstile oder Lebensentwürfe als Ausdruck von Kompetenz, Seriosität oder Anpassung gelten, während andere mit Abweichung oder Defiziten assoziiert werden. Auch institutionelle Erwartungen – etwa an schulische Leistungen, Arbeitsmoral oder Elternschaft – beruhen auf kulturell verankerten Normalitätsannahmen. Kultur strukturiert damit soziale Ordnung, indem sie Deutungsmaßstäbe setzt, die nicht neutral sind, sondern soziale Ungleichheiten stabilisieren oder infrage stellen können.

Über kulturelle Zuschreibungen wird mitbestimmt, was als normal, sinnvoll oder legitim gilt und wer als zugehörig oder fremd wahrgenommen wird. Dies betrifft etwa Sprache, Kleidung, Erziehungsstile oder Vorstellungen von Leistung und Professionalität. Kultur strukturiert damit soziale Ordnung, ohne selbst wertfrei zu sein.

Vor diesem Hintergrund fungiert Kultur nicht lediglich als neutrale Bezeichnung sozialer Phänomene. Vielmehr dient der Begriff als zentrales Ordnungsinstrument gesellschaftlicher Selbstverständigung: Er strukturiert Wahrnehmungen, grenzt Zugehörigkeiten ab und trägt dazu bei, bestimmte Praktiken oder Lebensformen als normal, wertvoll oder legitim erscheinen zu lassen. Welche Bedeutungen Kultur annimmt, ist dabei keineswegs selbstverständlich, sondern abhängig von sozialen Kontexten und historischen Konstellationen (Pähler, 2021). Kultur ist historisch gewachsen und eng mit Machtverhältnissen sowie Wertvorstellungen verbunden, dies zeigt sich an den vielfältigsten Beispielen, so war es in Deutschland lange Zeit üblich das, aufgrund der christlichen Prägung, Freitags Fisch gegessen wurden, heutzutage stellt dies jedoch eher eine bewusste Entscheidung dar. Über Kultur zu sprechen, bedeutet somit immer auch, Deutungen festzuschreiben und gesellschaftliche Ordnung herzustellen, selbst wenn dies bei den meisten Menschen weder bewusst und erst Recht nicht beabsichtigt ist (Pähler, 2021, S. 19–21).

Kulturebenen nach Pähler

Um trotz der Bedeutungsweite des Kulturbegriffs analytisch handlungsfähig zu sein, unterscheidet Pähler (2021) in Anschluss an Müller-Funk drei analytische Ebenen des Kulturbegriffs.

- *Kultur I* bezeichnet Kultur im Gegensatz zur Natur und umfasst alles vom Menschen Hervorgebrachte.
- *Kultur II* verweist auf symbolische Ordnungen, habituelle Praktiken und erlernte soziale Selbstverständlichkeiten, also auf jene kulturellen Muster, die Wahrnehmung, Handeln und Bewertung strukturieren.
- *Kultur III* schließlich bezeichnet den ausdifferenzierten gesellschaftlichen Bereich von Kunst, Medien und Kulturpolitik als institutionell verankerten Kulturbereich (S. 16–18).

Diese Ebenen sind nicht isoliert zu denken, sondern stehen in einem wechselseitigen Bedingungsverhältnis. So wirken beispielsweise kulturpolitische Entscheidungen auf der Ebene institutionalisierter Kultur (Kultur III) auf Prozesse ästhetischer Sozialisation, Wertorientierung und symbolischer Grenzziehungen (Kultur II) zurück. Exemplarisch zeigt sich dies in der öffentlichen Förderung klassischer Musik und von Opernhäusern in Deutschland. Diese Förderung verweist nicht nur auf einen etablierten Kultursektor, sondern transportiert zugleich ein spezifisches bürgerliches Bildungs- und Selbstverständnis, das historisch aus der Idee der „Kulturnation" hervorgegangen ist. Kulturpolitik erscheint vor diesem Hintergrund nicht als rein administrative Aufgabe, sondern als ein zentraler Ort gesellschaftlicher Selbstvergewisserung. Durch Förderentscheidungen werden kulturelle Hierarchien stabilisiert, Deutungen von Kultur reproduziert und Vorstellungen von Zugehörigkeit und kultureller Legitimität mitgeprägt.

Merksatz: Kultur als operativer Begriff
Kultur ist kein neutraler Beschreibungsbegriff, sondern ein operatives Deutungsinstrument.

Kultur bezeichnet nicht nur gesellschaftliche Praktiken und Bedeutungen, sondern wirkt aktiv an ihrer Hervorbringung mit.

Welche Formen von Kultur sichtbar, anerkannt oder gefördert werden, ist Ergebnis sozialer Aushandlungsprozesse und Ausdruck bestehender Macht- und Wertordnungen.

Über Kultur wird daher nicht nur gesprochen – *durch Kultur wird gesellschaftliche Ordnung hergestellt, stabilisiert und legitimiert.*

Kultur als Aushandlungsprozess – Von der Homogenität zur Hybridität

Der Kulturbegriff war eine lange Zeit geprägt von der Idee, dass Kulturen homogene Kollektive sein. So wurde in der UNESCO-Deklaration von Mexiko (1982) Kultur als „Gesamtheit der einzigartigen geistigen, materiellen, intellektuellen und emotionalen Aspekte“ menschlicher Gesellschaften definiert (Erfurt, 2021, S. 45). Diese Definition ist vom Geist des Humanismus geprägt und zielte auf die Anerkennung kultureller Vielfalt, gleichzeitig beinhaltet sie jedoch ein Verständnis nach der Kultur statisch und somit kaum veränderbar ist. Eine Nation oder eine eindeutig identifizierbare und abgrenzbare Gruppe wird dabei zum Träger einer Kultur und Kultur somit zu einem geschlossenen Konstrukt. Wie Erfurt (2021) herausarbeitet, ist diese Vorstellung homogener Nationalkulturen eng mit den kulturpolitischen Projekten des 19. Jahrhunderts verbunden. In der Phase der Nationalstaatsbildung fungierte Kultur als Instrument kollektiver Identitätsstiftung: Sie diente als symbolisches Bindemittel einer imaginierten Gemeinschaft und als Referenzrahmen für Zugehörigkeit. Diese Form der Homogenisierung war jedoch keineswegs folgenlos. Sie erzeugte normative Leitbilder des „Eigenen“, nivellierte soziale, regionale und ethnische Unterschiede und markierte „das Fremde“ systematisch als Abweichung (S. 50–53). Kulturelle Differenz wurde damit nicht als Normalfall, sondern als politisches Problem gerahmt, eine Denkfigur, die in gegenwärtigen Debatten um Leitkultur bis heute fortwirkt.

Die Idee einer einheitlichen nationalen Kultur verspricht symbolische Stabilität, geht jedoch mit erheblichen sozialen Kosten einher. Sie reduziert kulturelle Komplexität, marginalisiert hybride und mehrdeutige Identitäten und trägt zur Legitimation bestehender Ungleichheitsverhältnisse bei.

Cultural Turn – Kultur in Bewegung

Seit den 1980er-Jahren wird ein solch homogenes Kulturverständnis zunehmend problematisiert. Der sogenannte Cultural Turn der 1980er-Jahre markiert eine grundlegende Verschiebung sozialwissenschaftlicher Theorieperspektiven. Kultur avanciert in diesem Kontext vom randständigen Analysegegenstand zum zentralen Schlüsselbegriff gesellschaftlicher Erklärung. An die Stelle strukturalistischer oder rein ökonomischer Deutungen tritt eine verstärkte Aufmerksamkeit für symbolische Ordnungen, Bedeutungsproduktionen und diskursive Praktiken.So betont Hall (1997) in Abgrenzungen zu einem homogenen Kulturverständnis, dass Kultur kein fixes Erbe darstellt, sondern einen Ort der Aushandlung von Bedeutungen. Kultur ist demnach ein Prozess der Repräsentation, in dem gesellschaftliche Gruppen um Sichtbarkeit, Anerkennung und Deutungshoheit ringen. Kulturelle Identitäten sind keine stabilen Substanzen, sondern diskursive Positionen, die sich in historischen, medialen und politischen Kontexten fortlaufend verschieben (Hall, 1997, S. 5–7).

> Der Cultural Turn bezeichnet einen erkenntnistheoretischen Perspektivwechsel in den Sozial- und Geisteswissenschaften, der soziale Wirklichkeit nicht mehr primär über strukturelle oder ökonomische Faktoren erklärt, sondern als kulturell, symbolisch und diskursiv hervorgebracht versteht. Gesellschaftliche Ordnungen erscheinen damit als historisch kontingente Bedeutungszusammenhänge, die durch Sprache, Praktiken und Machtverhältnisse stabilisiert werden.

Ähnlich wie Hall formuliert Welsch eine nicht-homogenes Kulturverständnis, welches er Transkultur nennt. In den 1990er-Jahren, also in einer Phase zunehmender Globalisierung und beginnender Kommerzialisierung des Internets, entwickelt Wolfgang Welsch das Konzept der Transkulturalität. Ausgangspunkt ist die Diagnose, dass zeitgenössische Kulturen nicht mehr als in sich geschlossene Einheiten verstanden werden können, sondern in hohem Maße miteinander verflochten sind (vgl. Welsch, 2010, S. 3). Vor diesem Hintergrund beschreibt Welsch kulturelle Identität als hybrid und vielschichtig. Individuen sind durch unterschiedliche kulturelle Bezüge geprägt, sodass Identität nicht mehr als eindeutig zuordenbar erscheint, sondern als dynamische Verbindung verschiedener kultureller Elemente – eine sogenannte Patchwork-Identität (vgl. Welsch, 2010, S. 5). Über diese deskriptive Diagnose hinaus verbindet Welsch mit dem Konzept der Transkulturalität einen normativen Anspruch. Transkulturalität richtet sich gegen kulturelles Abgrenzungsdenken und zielt darauf, individuelle Wahlmöglichkeiten jenseits festgelegter kultureller Schemata zu eröffnen (vgl. Welsch, 2010, S. 7). Kultur erscheint damit weniger als determinierender Rahmen denn als offener Möglichkeitsraum. Zusammenfassend lässt sich mit Erfurt (2021) für ein dynamisches und relationales Verständnis von Kultur plädieren, das Differenz und Heterogenität nicht als Störung, sondern als konstitutive Merkmale begreift. Kultur erscheint hier nicht als Zustand, sondern als Prozess: als fortlaufende Praxis des Bedeutens, Abgrenzens und Neuverhandelns sozialer Ordnung (S. 56–58).

Übersicht

Kultur ist kein geschlossenes Erbe homogener Kollektive, sondern ein diskursiver Prozess.

Während nationale Kulturkonzepte Zugehörigkeit über Homogenität und Abgrenzung organisieren, begreift ein diskursives Kulturverständnis Identität als relational, historisch wandelbar und machtförmig vermittelt.

Kulturelle Differenz ist dabei kein Defizit, sondern Ausdruck gesellschaftlicher Aushandlung und Kultur selbst ein Ort, an dem soziale Ordnung hergestellt, bestritten und verändert wird.

Der differenzierungstheoretische Kulturbegriff: Kultur als gesellschaftliches Teilsystem

Während Welschs Konzept der Transkulturalität vor allem auf die Hybridisierung kultureller Identitäten und die Durchlässigkeit kultureller Zugehörigkeiten zielt, markiert der differenzierungstheoretische Kulturbegriff von Andreas Reckwitz (2000) einen weiteren, strukturell vertiefenden theoretischen Schritt. Kultur wird hier nicht weniger als gesellschaftliche Totalität oder primär identitätsstiftender Rahmen kollektiver Zugehörigkeit verstanden, sondern als eigenständige gesellschaftliche Funktionssphäre moderner Gesellschaften. Analog zu Politik, Wirtschaft oder Wissenschaft operiert Kultur als Bereich sozialer Sinnproduktion.

Mit dieser Perspektivverschiebung rückt weniger die Frage kultureller Zugehörigkeit in den Mittelpunkt als vielmehr die Frage, wie kultureller Sinn gesellschaftlich erzeugt, stabilisiert und bewertet wird. Innerhalb des kulturellen Funktionssystems entstehen symbolische Ordnungen, Werte, Narrative und ästhetische Formen, durch die soziale Wirklichkeit deutbar, vergleichbar und bewertbar gemacht wird. Kultur fungiert damit nicht primär als verbindendes Dach gemeinsamer Identität, sondern als Reflexions- und Aushandlungsraum gesellschaftlicher Selbstverständigung, in dem Deutungen sichtbar gemacht, normalisiert, aber auch infrage gestellt werden.

Der differenzierungstheoretische Zugriff ergänzt transkulturelle Ansätze, indem er die Machtförmigkeit kultureller Sinnproduktion analytisch erfassbar macht. Während Transkulturalität kulturelle Verflechtungen und hybride Identitäten beschreibt, ermöglicht Reckwitz' Perspektive eine Analyse der Selektivität kultureller Bedeutungen: Nicht alle Deutungen sind gleichermaßen anschlussfähig, sichtbar oder gesellschaftlich wirksam. Vielmehr werden bestimmte symbolische Ordnungen privilegiert, andere marginalisiert.

Gerade für Debatten um sogenannte Leitkultur ist diese Perspektive von zentraler Bedeutung. Wird Kultur nicht mehr als geschlossener Kanon gemeinsamer Werte verstanden, sondern als dynamische, differenzierte Praxis symbolischer Sinnproduktion, verliert die Vorstellung einer einheitlichen kulturellen Leitlinie ihre analytische Plausibilität. Die Forderung nach Leitkultur erscheint dann weniger als Ausdruck gesellschaftlicher Kohärenz denn als hegemonialer Zugriff: als Versuch, spezifische Wertordnungen zu verallgemeinern und pluralistische Aushandlungsprozesse normativ zu begrenzen. In diesem Sinne lässt sich Leitkultur als politisch wirksame Strategie der Ordnung kultureller Vielfalt lesen, die Differenz nicht aufhebt, sondern hierarchisiert (vgl. Laclau & Mouffe 1991).

Zusammenfassend lässt sich festhalten, dass Cultural Turn eine Perspektive eröffnet, in der Kultur nicht länger als bloßer Ausdruck sozialer Strukturen erscheint, sondern als zentrales Medium gesellschaftlicher Macht- und Ordnungsbildung. Kultur ist in diesem Verständnis kein nachgeordnetes Spiegelbild sozialer Verhältnisse, sondern ein produktiver Ort, an dem soziale Wirklichkeit symbolisch hergestellt wird. In kulturellen Praktiken, Diskursen und Repräsentationen formieren sich jene Bedeutungsordnungen, durch die Hegemonie entsteht, stabilisiert und zugleich grundsätzlich irritierbar bleibt.

Mit Blick auf postkoloniale Debatten macht der Cultural Turn sichtbar, dass diese Bedeutungsordnungen nicht neutral sind, sondern in kolonialen Wissensregimen entstanden sind, die Europa zum Maßstab des Sozialen erklärten und Differenz hierarchisierten. Für Migration und Transkulturalität eröffnet dieser Zugriff die Möglichkeit, Zugehörigkeit, Identität und Kultur nicht als Herkunftsmerkmale, sondern als relationale, umkämpfte und dynamische Aushandlungsprozesse zu analysieren

Das Konzept der Leitkultur im deutschen Migrationsdiskurs

Begriffe wie Nation, Freiheit oder Kultur fungieren in hegemonietheoretischer Perspektive als sogenannte leere Signifikanten: semantische Knotenpunkte, die heterogene gesellschaftliche Ansprüche bündeln, ohne selbst eindeutig bestimmt zu sein (Moebius, 2009, S. 159). Erst durch diese Offenheit entfalten sie ihre politische Wirkung. Sie erlauben es, unterschiedliche Interessen, Affekte und Deutungen unter einem gemeinsamen Bedeutungsdach zu versammeln. Der Diskurs der Leitkultur lässt sich vor diesem Hintergrund als Versuch lesen, einen solchen leeren Signifikanten hegemonial zu besetzen. Eine spezifisch westliche Vorstellung von Rationalität, Moral und sozialer Ordnung wird dabei als allgemeingültige Norm ausgegeben und naturalisiert. Wie Ernesto Laclau und Chantal Mouffe zeigen, entfaltet Hegemonie ihre Macht nicht durch offene Exklusion, sondern durch die scheinbare Selbstverständlichkeit ihrer Setzungen.

Merksatz: Leere Signifikanten und Leitkultur

Begriffe wie Kultur, Nation oder Freiheit fungieren als leere Signifikanten:

Sie bündeln gesellschaftliche Ansprüche, ohne inhaltlich eindeutig festgelegt zu sein.

Der Leitkultur-Diskurs ist der Versuch, einen solchen offenen Bedeutungsraum hegemonial zu besetzen, indem spezifische Wertordnungen als selbstverständlich und universell gesetzt werden.

Seine Macht beruht nicht auf Zwang, sondern auf der Naturalisation von Differenz und auf der symbolischen Markierung des Anderen als Abweichung.

D. Kergel, J. El-Khatib, *Transkulturalität, Migration und Diversität*, essentials, https://doi.org/10.1007/978-3-658-51843-1_4

> Gerade weil diese Bedeutungsfixierung nie vollständig gelingt, bleibt Kultur ein politischer Raum: ein Ort permanenter Aushandlung, an dem Hegemonie stabilisiert, aber auch irritiert und transformiert werden kann.

Differenz wird nicht argumentativ ausgehandelt, sondern symbolisch hierarchisiert: Das „Andere" erscheint nicht als gleichwertige Alternative, sondern als Abweichung, Defizit oder Integrationsproblem.

Kultur wird damit selbst zu einem Ort des Politischen. Über sie werden Bedeutungen fixiert, Zugehörigkeiten definiert und Grenzen gezogen. Zugleich ist diese Fixierung niemals endgültig. Gerade das strukturelle Scheitern hegemonialer Bedeutungsfestschreibungen eröffnet den Raum des Politischen im engeren Sinne: jenen Raum, in dem Bedeutungen erneut verhandelbar werden, in dem alternative Lesarten, hybride Identitäten und neue kulturelle Artikulationen sichtbar werden können (Moebius, 2009, S. 160–162).

Der Begriff der Leitkultur wurde Ende der 1990er-Jahre von dem deutsch-syrischen Politikwissenschaftler Bassam Tibi geprägt. In seiner ursprünglichen Konzeption war Leitkultur ausdrücklich nicht national oder ethnisch gefasst. Vielmehr verstand Tibi darunter ein normatives Orientierungsmodell, das auf den Grundwerten der europäischen Aufklärung basiert und den gesellschaftlichen Zusammenhalt in pluralistischen Demokratien sichern soll. In „Europa ohne Identität? Leitkultur oder Wertebeliebigkeit" (1998) argumentiert Tibi, dass der Fortbestand Europas im Kontext globaler Migration ein gemeinsames Wertefundament erfordere, das Demokratie, Menschenrechte, Säkularität, Toleranz und individuelle Freiheit als verbindliche Prinzipien anerkennt.

Leitkultur bezeichnete bei Tibi damit keine kulturelle Homogenität, sondern eine politische und zivilisatorische Ordnung, die den Rahmen für das Zusammenleben unterschiedlicher religiöser und kultureller Gruppen bereitstellt. Im Zentrum dieses Verständnisses steht nicht Herkunft, Ethnie oder nationale Tradition, sondern die Anerkennung eines normativen Konsenses, der eine freiheitlich-demokratische Gesellschaft trägt. Tibi wendet sich damit explizit gegen einen radikalen kulturellen Relativismus und betont, dass Pluralität ohne gemeinsame Grundlagen nicht stabilisierbar ist (Tibi, 1998, S. 18 f.). Zugleich unterscheidet Tibi klar zwischen Integration als wechselseitigem Prozess gesellschaftlicher Einbindung und Assimilation als einseitiger Anpassungsforderung. Leitkultur fungiert in diesem Sinne als Strategie des inneren Friedens: Sie soll eine gemeinsame politische Basis zwischen Mehrheitsgesellschaft und Einwanderungsgruppen ermöglichen, ohne kulturelle Vielfalt grundsätzlich infrage zu stellen. Mit der politischen Rezeption des Begriffs, insbesondere durch den CDU-Politiker Friedrich Merz im Jahr 2000, erfährt die Debatte jedoch eine entscheidende Verschiebung. Aus der ursprünglich europäisch-aufklärerisch verstandenen Leitkultur wird nun eine „deutsche Leitkultur", die sich zunehmend an kulturellen Symbolen, Verhaltensnormen und nationalen Selbstbildern orientiert. Der Fokus verlagert sich damit von einem zivilgesellschaftlich-normativen Konsens hin zu kulturellen Abgrenzungen, ein Wandel, der den Leitkulturbegriff politisch auflädt und ihn in den folgenden Jahren zu einem zentralen Konfliktbegriff im deutschen Migrationsdiskurs werden lässt.

Die Debatte lässt sich nach Ezli (2022, S. 195–201) in drei Phasen unterteilen:

1. Konzeptuelle Phase (1998–2000)
   In der konzeptuellen Anfangsphase entwickelt Bassam Tibi den Begriff der Leitkultur als normatives Projekt einer europäischen Wertegemeinschaft, das den Anspruch erhebt, kulturelle Zugehörigkeit von ethnischen, religiösen oder nationalen Zuschreibungen zu lösen. Zwar betont dieses Modell demokratische, säkulare und rechtsstaatliche Prinzipien als verbindenden Rahmen, doch wurde bereits hier ein universalisierter Wertekanon gesetzt, dessen Geltung als weitgehend voraussetzungslos angenommen wird. Leitkultur fungiert damit weniger als offener Aushandlungsprozess denn als normativer Referenzrahmen, der kulturelle Vielfalt zwar rhetorisch einschließt, sie jedoch an die Anerkennung eines vorgegebenen zivilisatorischen Kerns bindet. Die behauptete Entnationalisierung von Kultur verweist zugleich auf ein aufklärungszentriertes Selbstverständnis Europas, das eigene historische Macht- und Exklusionsverhältnisse nur begrenzt reflektiert.
2. Politisierungsphase (2000–2005)
   Ab Beginn der 2000er-Jahre begann eine politische Aneignung des Begriffs, insbesondere durch Friedrich Merz, Jörg Schönbohm und weitere konservative Akteure, damit einher geht eine deutliche inhaltliche Verengung der Debatte. An die Stelle von Tibis noch eher universalistischem Anspruch tritt die Rede von einer explizit „deutschen Leitkultur", die im parteipolitischen Diskurs vor allem zur Regulierung von Migration und Integration mobilisiert wird. Leitkultur fungiert nun weniger als normativer Orientierungsrahmen denn als Abgrenzungsinstrument gegenüber Multikulturalismus und als Chiffre für die Kritik an einer angeblichen „Wertebeliebigkeit". Damit verschiebt sich der Diskurs von pluralistischen Gesellschaftsentwürfen hin zu kulturellen Hierarchisierungen, die nationale Mehrheitsnormen als selbstverständlich und verbindlich setzen. Wie Ezli (2022, S. 197) herausarbeitet, wird Integration hier nicht mehr als

offene Aushandlung verstanden, sondern als Anpassungsleistung der Migrant*innen an eine vorgegebene kulturelle Norm, ein Verständnis, das bereits zum Zeitpunkt seiner Popularisierung als theoretisch verkürzt und gesellschaftlich problematisch gelten kann.

3. Konsolidierungs- und Kritikphase (ab 2006)
Zur Mitte der 2000er-Jahre etabliert sich Leitkultur als etablierter Begriff öffentlichen Diskurs, insbesondere in Abgrenzung zu Migration und Islam, wobei der Begriff weniger analytisch war. Stattdessen fungiert er primär als symbolischer Marker kultureller Zugehörigkeit, der soziale Differenzen vereinfacht und politisch auflädt. Die wissenschaftliche Kritik hebt entsprechend sowohl die normative Unbestimmtheit als auch die polarisierende Wirkung des Konzepts hervor. Wie Herzog-Punzenberger (2011) zeigt, produziert der Leitkulturbegriff eine künstliche Grenzziehung zwischen einem vermeintlich homogenen „Wir" und den „Anderen" und wirkt damit als Mechanismus des Othering. Kulturelle Komplexität und hybride Zugehörigkeiten werden marginalisiert, während Kultur als statische Ordnungsvorstellung erscheint, nicht als dynamischer, konflikthafter Aushandlungsprozess, sondern als normatives Instrument sozialer Kontrolle.

Eine erneute Zuspitzung erfuhr die Leitkultur-Debatte im Jahr 2017 durch den damaligen Bundesinnenminister Thomas de Maizière, der in einem Zeitungsbeitrag zehn Thesen zu einer „deutschen Leitkultur" formulierte (de Maizière, 2017). Anders als bei Tibi stand dabei weniger ein abstrakter Wertekanon als vielmehr ein Katalog alltäglicher Verhaltensnormen im Vordergrund, etwa Sprachgebrauch, Umgangsformen, religiöse Sichtbarkeit oder historische Bezugspunkte. Leitkultur wurde damit nicht mehr primär als politisch-normativer Rahmen, sondern als kulturelle Praxis der Mehrheitsgesellschaft definiert.

Analytisch markiert dieser Zugriff eine weitere Verschiebung: Von einer universalistisch begründeten Werteorientierung hin zu einer normativen Setzung kultureller Selbstverständlichkeiten, die implizit Anpassung einfordert. Kritik entzündete sich insbesondere daran, dass soziale, kulturelle und religiöse Differenz hier weniger als Ausdruck pluraler Gesellschaften verstanden wird, sondern als Abweichung von einer vermeintlich konsensualen Normalität. Leitkultur fungiert in dieser Lesart nicht mehr als integratives Angebot, sondern als diskursives Instrument der Grenzziehung, das Zugehörigkeit an kulturelle Konformität bindet.

Merksatz: Leitkultur in der Praxis
Leitkultur wirkt meist implizit.

Sie strukturiert Erwartungen, markiert Zugehörigkeit und verschiebt Integration in Richtung Anpassung.

Eine machtsensible Praxis macht diese Normen sichtbar – und verhandelbar.

Kritik an der Leitkultur und Ansätze der Transkulturalität

Obwohl Bassam Tibi seine Konzeption der Leitkultur als Beitrag zu einer europäischen Wertegemeinschaft verstand, ist auch dieser Ansatz nicht frei von problematischen Implikationen. Bereits in der ursprünglichen Formulierung lässt sich eine implizite Gegenüberstellung von „Europa" und „Islam" erkennen. Wie Herzog-Punzenberger (2011, S. 228) herausarbeitet, verknüpft Tibi die europäische Leitkultur mit dem Vorrang liberal-demokratischer und staatsbürgerlicher Normen vor religiösen Orientierungen im öffentlichen Raum. Der Islam erscheint damit weniger als Teil europäischer Pluralität denn als potenzielles Gegenprinzip, das die rational-säkulare Ordnung gefährden könnte. Diese Dichotomisierung reproduziert, so Herzog-Punzenberger, einen zivilisatorischen Gegensatz, der in der späteren politischen Rezeption des Begriffs weiter verschärft wurde. Mit der Politisierung der Leitkulturdebatte um die Jahrtausendwende verschiebt sich der Diskurs endgültig in Richtung einer nationalkulturellen Identitätsrhetorik. Zugehörigkeit wird nun an kulturelle Homogenität gekoppelt.

Leitkultur fungiert nicht länger als offener normativer Rahmen, sondern als symbolisches Grenzinstrument. Der Begriff konstruiert eine scharfe Trennung zwischen jenen, die sich berechtigt sehen, Leitkultur für sich zu beanspruchen, und jenen, häufig ohnehin marginalisierten Gruppen, denen diese Zugehörigkeit abgesprochen wird (Herzog-Punzenberger, 2011, S. 228). Kultur wird so in ein dichotomes Schema von „Wir" und „den Anderen" überführt, das soziale Polarisierung verstärkt und gesellschaftliche Komplexität auf ein homogenes Ideal reduziert.

Auch Heiner Bielefeldt (2006) diagnostiziert in der Leitkulturdebatte ein doppeltes Problem: ihre begriffliche Unschärfe und ihre politische Instrumentalisierbarkeit. Der Begriff sei einerseits zu vage, um legitime Erwartungen an Integration präzise zu formulieren, signalisiere andererseits jedoch sehr wohl normative Grenzen und Ausschlüsse. Gerade diese Ambivalenz macht Leitkultur politisch wirksam. Sie erlaubt es, kulturelle Zugehörigkeit einzufordern, ohne die Kriterien dieser Zugehörigkeit transparent zu machen. Bielefeldt betont demgegenüber, dass kulturelle Vielfalt im Rahmen der Menschenrechte kein Selbstzweck, sondern Ausdruck individueller Freiheit und Selbstbestimmung ist. Kultur darf daher nicht als normativer Maßstab zur Disziplinierung oder Assimilation fungieren. Ein menschenrechtlich fundiertes Kulturverständnis setzt nicht auf Homogenisierung, sondern auf die Sicherung gleicher Freiheitsrechte unter Bedingungen gesellschaftlicher Verschiedenheit.

> „Dass Menschen ihre religiösen oder nichtreligiösen Überzeugungen privat und öffentlich zum Ausdruck bringen, ihr Leben – für sich selbst und in Gemeinschaft mit anderen – nach ihren Überzeugungen gestalten, [...] ist ihr selbstverständliches Recht. Eine pluralistische Gesellschaft, die die Freiheit der Menschen in Fragen kultureller Selbstbestimmung respektiert, wird deshalb unter den Bedingungen zeitgenössischer Migration immer auch eine multikulturelle Gesellschaft sein" (Bielefeldt, 2006, S. 11).

Insofern ist die Leitkulturdebatte für Bielefeldt problematisch, weil sie unter dem Vorwand gemeinsamer Werte eine asymmetrische Erwartungshaltung gegenüber Migrant*innen, insbesondere Muslim*innen, aufbaut:

> „Es fällt auf, dass die deutsche Integrationsdebatte seit Jahren durch eine eigentümliche Fixierung auf den Islam geprägt ist. Offenkundig werden Menschen mit muslimischem Hintergrund hierzulande sowohl bezüglich ihrer kulturellen Integrationsfähigkeit wie hinsichtlich ihrer verfassungspolitischen Loyalität mit einer besonderen Skepsis betrachtet" (Bielefeldt, 2006, S. 6).

Damit zeigt sich, dass auch Bassam Tibi universalistisch gemeinte Konzeption der Leitkultur ein assimilatorisches Moment enthält. Kulturelle Teilhabe wird an die Akzeptanz eines normativ festgelegten europäischen Wertekanons gebunden; Differenz erscheint nicht als gleichwertige Form gesellschaftlicher Zugehörigkeit, sondern als Integrationsdefizit. Leitkultur fungiert damit weniger als offener Orientierungsrahmen denn als Prüfstein normativer Anpassung.

Aus kulturtheoretischer Perspektive kritisiert Pähler (2021) den Leitkulturbegriff grundlegend. Er reduziere Kultur auf ihre Wertigkeit und setze das westliche Verständnis von Moderne als einzig legitimen Maßstab. Gemein sei allen Varianten des Leitkulturbegriffs, von den frühen Überlegungen Tibis bis zu späteren politischen Verwendungen, die Hierarchisierung von Kulturen. Tibi teile die Welt in vormoderne, voraufklärerische Kulturen und moderne, aufgeklärte Kulturen und operiere mit einem teleologischen Kultur- und Zivilisationsbegriff, dem zufolge Europa als weiter fortgeschrittener Zustand historischer Entwicklung erscheint (Pähler, 2021, S. 142).

Diese Fortschrittslogik ist nicht nur normativ aufgeladen, sondern auch analytisch problematisch. Sie naturalisiert historische Machtverhältnisse, wertet kulturelle Differenz ab und verkennt die Pluralität moderner Gesellschaften. Zudem, so Pähler, gehe der Leitkulturbegriff von einem statischen, wenn nicht gar essenzialistischen, Kulturverständnis aus, das der Dynamik kultureller Praktiken, hybrider Zugehörigkeiten und gesellschaftlicher Transformationsprozesse nicht gerecht wird. Kultur erscheint hier nicht als Prozess fortlaufender Aushandlung, sondern als Maßstab, an dem Subjekte gemessen und sortiert werden. Leitkultur erweist sich damit weniger als Instrument gesellschaftlicher Integration denn als normatives Ordnungsmodell, das kulturelle Vielfalt hierarchisiert und Differenz politisch diszipliniert.

Leitkultur wird zunehmend zu einem Symbol diskursiver Grenzziehung, das gesellschaftliche Differenz in Dichotomien von Zugehörigkeit und Fremdheit übersetzt. Während Tibi eine europäisch-humanistische Orientierung beabsichtigte, die mehr oder minder ohne kulturelle Ausgrenzung auskomme, wurde der Begriff im politischen Diskurs zu einem Marker nationaler Identität und kultureller Homogenität umgedeutet.

Transkulturelle Ansätze als Gegenentwurf

Die Idee der Transkulturalität bildet in theoretischer wie gesellschaftlicher Hinsicht den produktiven Gegenpol zur Vorstellung einer homogenen Leitkultur. Kultur wird hier nicht als abgrenzbares Ganzes oder als geschlossene Identität verstanden, sondern als dynamisches Geflecht von Beziehungen, Übersetzungen und Hybriditäten. Der Fokus verschiebt sich damit grundlegend: von kultureller Einheit zu kultureller Verflechtung.

Bereits Wolfgang Welsch (1999) beschreibt Transkulturalität als Resultat historischer und gegenwärtiger Prozesse der Durchmischung von Kulturen. Das klassische Bild voneinander getrennter, in sich kohärenter Kulturen wird dadurch obsolet. Kultur erscheint nicht länger als Besitz oder Herkunftsmerkmal, sondern als fortlaufender Prozess der Überschreitung, der Aneignung und der Aushandlung. Kulturelle Identität ist in dieser Perspektive grundsätzlich hybrid, relational und situativ. Diese prozessuale Sichtweise wird von Pähler (2021) weitergeführt, indem er Kultur als operativen Begriff fasst. Kultur beschreibt demnach nicht lediglich soziale Wirklichkeit, sondern wirkt aktiv an ihrer Hervorbringung mit. Sie ist kein neutrales Beobachtungsobjekt, sondern ein Begriff, „der seine Gegenstände mit hervorbringt“ (Pähler, 2021, S. 19). Gerade diese Selbstreferenzialität eröffnet die Möglichkeit, Kultur nicht mehr als abgeschlossene Einheit zu denken, sondern als veränderbare Praxis: als Geflecht von Bedeutungen, das sich in Kommunikation, Medien, Institutionen und symbolischen Ordnungen realisiert.

Im Kontext des Cultural Turn fasst Stephan Moebius (2009) diese Verschiebung als Übergang von einem substanzialistischen zu einem differenzierungstheoretischen Kulturbegriff. Kultur ist demnach nicht einfach ein Bereich, der soziale Wirklichkeit „prägt“, sondern ein Modus ihrer Hervorbringung. Soziale Ordnung entsteht nicht außerhalb von Kultur, sondern durch kulturelle Praktiken, Diskurse und Repräsentationen. In dieser Perspektive erscheint Kultur nicht mehr als stabiler Kanon gemeinsamer Werte, sondern als historisch kontingente Ordnung sozialer Praktiken, die permanent in Bewegung ist. Transkulturalität verweist damit auf eine Gesellschaft, in der Zugehörigkeit nicht über Homogenität, sondern über relationale Verflechtung organisiert ist Fund in der kulturelle Differenz nicht als Integrationsproblem, sondern als Normalform moderner Sozialität begriffen werden muss.

> Kultur ist demnach kein homogenes Wertesystem, sondern Ausdruck sozialer Praktiken, die sich in wechselnden Diskursen abbilden und verändern.

Dieser Ansatz hebt nicht auf Einheit, sondern auf Pluralität ab: Kultur existiert *durch Differenz* und bleibt in ständiger Bewegung. Reckwitz (2017) ergänzt, dass Kultur immer auch mit Wertzuschreibungen verknüpft ist: Sie ordnet der Welt Bedeutung und ästhetischen Sinn zu, aber auf kontingente, historisch wandelbare Weise. Kultur, so Reckwitz, produziert kein stabiles Zentrum, sondern eine Vielzahl von Perspektiven, die sich überlagern, widersprechen und neu verknüpfen.

Wenn kulturelle Ordnung auf diese Weise plural, relational und instabil ist, kann Identität nicht als feste Größe gedacht werden.

Genau an dieser Stelle setzt Stuart Hall an, indem er Identität nicht als vorgegebene Essenz, sondern als prozesshafte Produktion begreift, die sich im Zusammenspiel von Repräsentation und Differenz formiert. Hall betont, dass Identität nicht etwas ist, „das bereits existiert und entdeckt werden muss“, sondern „etwas, das fortlaufend im Prozess der Artikulation entsteht“ (Hall, 1993, S. 222–225). Transkulturalität schließt an dieses Denken an, indem sie Identität als *relationale Praxis* auffasst, nie abgeschlossen, sondern stets im Werden begriffen.

Wo Leitkultur auf Normativität, Einheit und Steuerung setzt, beruht Transkulturalität auf Offenheit, Ambiguität und Aushandlung. Kultur wird nicht länger als statisches Gefüge betrachtet, sondern als ein offenes, vernetztes System, in dem Differenzen nicht überwunden, sondern produktiv gemacht werden.

Transkulturalität bietet damit nicht nur eine theoretische Alternative, sondern ein normatives Gegenmodell zur Leitkultur. An die Stelle von Homogenitätsannahmen tritt Pluralität, an die Stelle normativer Vorgaben kommunikative Übersetzbarkeit. Gesellschaftlicher Zusammenhalt wird nicht über kulturelle Gleichförmigkeit hergestellt, sondern über die Fähigkeit, Differenz verständlich, verhandelbar und anschlussfähig zu machen. In diesem Sinne lässt sich Transkulturalität als kulturtheoretisches Fundament einer pluralistischen Demokratie begreifen, einer Gesellschaft, in der Identität nicht aus Abgrenzung, sondern aus Beziehung entsteht.

Identität durch Beziehung

Transkulturalität versteht Identität nicht als Besitz, sondern als Relation.

Zugehörigkeit entsteht nicht durch Abgrenzung, sondern durch kommunikative Übersetzbarkeit in pluralen Kontexten.

Zugleich macht das Konzept sichtbar, dass kulturelle Unterschiede innerhalb nationaler Gesellschaften häufig größer sind als zwischen Personen unterschiedlicher Nationen mit vergleichbaren Sozialisationsbedingungen, Wertorientierungen und Lebenslagen. Kultur verläuft damit nicht entlang nationaler Grenzen, sondern entlang sozialer, biografischer und milieugebundener Linien. Der fortlaufende Austausch zwischen Individuen sowie die permanente Transformation kultureller Praktiken verstärken diese Dynamik. Transkulturalität verweist somit auf eine Gesellschaft, in der kulturelle Zugehörigkeit nicht fixiert, sondern relational, situativ und in kontinuierlicher Bewegung ist.

Transkulturalität am Beispiel von Hip-Hop

Hip-Hop entstand in den 1970er-Jahren in der afroamerikanischen Subkultur der New Yorker Bronx, einem sozialen und ökonomischen abgehängten Milieu als Ausdrucksform gegen Unterdrückung und Rassismus. Er beinhaltete drei Grundelemente: Rap und DJing, Breakdance sowie Graffiti. Heute sind alle drei Elemente weltweit zu finden, insbesondere beim Rap zeigen sich dabei verschiedenste Formen weltweit: Französischer Rap, Deutschrap, türkischer Hip-Hop oder koreanischer Hip-Hop greifen zwar auf dieselben ästhetischen Formen (Beats, Rap, Street Culture) zurück, vermischen sie aber mit lokalen Sprachen, Symbolen, politischen Themen und musikalischen Traditionen. Innerhalb des jeweiligen Landes können dabei durchaus unterschiedliche Stile sich entwickeln, so wie etwa in Deutschland der eher deepe Frankfurter Straßenrap um Azad und Bozz Musik entstand und der teilweise humoristische Berliner Straßenrap symbolisiert durch Aggro Berlin.

Diese Entwicklung zeigt: Kulturen existieren nicht als geschlossene, voneinander abgrenzbare Einheiten, sondern sind durchlässige, verflochtene Netzwerke, in denen Elemente verschiedener Herkunft beständig neu kombiniert werden. Kultur ist in diesem Verständnis kein Container, sondern ein dynamischer Prozess gegenseitiger Beeinflussung und Überschneidung.

Ausklang

Dieses Essential hat gezeigt, dass Migration, Diversität und Transkulturalität nicht als Sonderthemen moderner Gesellschaften zu verstehen sind, sondern als Ausdruck ihrer grundlegenden Verfasstheit. Gesellschaftliche Konflikte um Zugehörigkeit, Integration und Anerkennung verweisen weniger auf „Fremdheit" als auf die Art und Weise, wie Normalität, Macht und Differenz diskursiv hergestellt werden. Eine transkulturelle Perspektive eröffnet damit keinen harmonisierenden Ausweg, sondern einen analytischen Blick auf gesellschaftliche Aushandlungsprozesse, die Offenheit, Widerspruch und Veränderung nicht als Defizit, sondern als konstitutive Bedingung demokratischer Gesellschaften begreifen.

D. Kergel, J. El-Khatib, *Transkulturalität, Migration und Diversität*, essentials, https://doi.org/10.1007/978-3-658-51843-1_5

Was Sie aus diesem *essential* mitnehmen können

- Migration ist kein Ausnahmephänomen, sondern eine grundlegende Konstante menschlicher Gesellschaften
- Kultur existiert nicht als abgeschlossene Einheit, sondern entsteht in dynamischen Austausch- und Aushandlungsprozessen
- Integrationsdiskurse sind häufig mit normativen Erwartungen und Machtverhältnissen verbunden
- Transkulturalität ermöglicht eine Perspektive, die Hybridität, Pluralität und gesellschaftliche Veränderung analytisch ernst nimmt
- Fragen von Zugehörigkeit, Differenz und Diskriminierung sind zentrale Herausforderungen moderner migrationsgesellschaftlicher Demokratien

D. Kergel, J. El-Khatib, *Transkulturalität, Migration und Diversität*, essentials, https://doi.org/10.1007/978-3-658-51843-1

Literatur

Beck, P. (2024). Anwerbung und Integration internationaler Pflegefachkräfte aus Drittstaaten in Deutschland. In H. Gümrükçü, P. Beck, & M. Gümrükçü (Hrsg.), *Internationale Gesundheitsfachkräfte: Globale Migration in Pflege und Medizin* (S. 165–180). https://doi.org/10.5771/9783748944812-1

Bielefeldt, H. (2006). *Einbürgerungspolitik in Deutschland – Zur Diskussion über Leitkultur und Staatsbürgerschaftstests*. Deutsches Institut für Menschenrechte.

Bourdieu, P. (2001). *Meditationen: Zur Kritik der scholastischen Vernunft*. Suhrkamp.

Bourdieu, P. (2012a). Ökonomisches Kapital, kulturelles Kapital, soziales Kapital. In U. Bauer, U. H. Bittlingmayer, & A. Scherr (Hrsg.), *Handbuch Bildungs- und Erziehungssoziologie* (S. 229–242). Springer VS.

Bourdieu, P. (2012b). *Die männliche Herrschaft*. Suhrkamp.

Brecht, B. (1961). *Flüchtlingsgespräche*. Suhrkamp.

Civitillo, S., Ialuna, F., Lieck, D. S. N., & Jugert, P. (2021, 10. September). *Do infrahumanization and affective prejudice drive teacher discrimination against Romani students? A conceptual replication of Bruneau et al. (2020). in Germany*. https://doi.org/10.31234/osf.io/ac2r4

De Maizière, T. (2017). Leitkultur für Deutschland – was ist das eigentlich?. https://www.zeit.de/politik/deutschland/2017-04/thomas-demaiziere-innenminister-leitkultur/seite-2

Deschermeier, P., & Geis-Thöne, W. (2024). *Die Migration entscheidet über die Zukunft Deutschlands*. (IW-Kurzbericht Nr. 96/2024). Institut der deutschen Wirtschaft.

El Mafaalani, A. (2023). Integration. In I. Bartels, I. Löhr, C. Reinecke, P. Schäfer, & L. Stielike (Hrsg.), *Umkämpfte Begriffe der Migration* (S. 167–178). transcript Verlag. https://doi.org/10.14361/9783839457122-011

Engler, M., Christinck, L. C., & Cyrus, N. (2024, 19. September). *Deutschland schottet sich ab: Systematische Zurückweisungen durch Grenzkontrollen*. Fluchtforschung.net. https://fluchtforschung.net/deutschland-schottet-sich-ab-systematische-zurueckweisungen-durch-grenzkontrollen/

Erfurt, J. (2021). *Transkulturalität – Prozesse und Perspektiven*. Springer VS.

D. Kergel, J. El-Khatib, *Transkulturalität, Migration und Diversität*, essentials, https://doi.org/10.1007/978-3-658-51843-1

Esser, H. (2001). *Integration und ethnische Schichtung.* Mannheimer Zentrum für Europäische Sozialforschung. http://www.mzes.uni-mannheim.de/publications/wp/wp-40.pdf

Esser, H. (2003). Ist das Konzept der Assimilation überholt? *geographische revue, 5*(2), 5–22.

Esser, H. (2006). *Migration, Sprache und Integration: AKI-Forschungsbilanz 4.* Wissenschaftszentrum Berlin für Sozialforschung. https://nbn-resolving.org/urn:nbn:de:0168-ssoar-113493

Ezli, Ö. (2022). Leitkultur. In S. Moebius & A. Reckwitz (Hrsg.), *Kulturbegriffe der Gegenwart* (S. 194–200). De Gruyter.

Faist, T. (2000). *The volume and dynamics of international migration and transnational social spaces*. Oxford University Press.

Fischer, M. (2007). *Die Ordnung des Diskurses: Mit einem Essay von Ralf Konersmann.*

Foitzik, A., Kaiser, J., & Midelia, S. (2024). *Was tun gegen Diskriminierung an Schulen? Beispiele guter Praxis.* https://www.antidiskriminierungsstelle.de/SharedDocs/downloads/DE/publikationen/Expertisen/beispiele_guter_praxis_schule_lang.html

Foroutan, N. (2023). *Postmigrantische Gesellschaft: Vielsprachigkeit, kulturelle Teilhabe, soziale Kohäsion.* transcript Verlag.

Foucault, M. (1987). *Sexualität und Wahrheit: Erster Band: Der Wille zum Wissen.* Suhrkamp.

Glick Schiller, N., & Fouron, G. (2001). I am not a problem without a solution…. In J. G. Goode & J. Maskovsky (Hrsg.), *The new poverty studies* (S. 321–362). New York University Press.

Hall, S. (1993). Cultural identity and diaspora. *Framework, 36*, 222–237.

Hall, S. (1997). The spectacle of the Other. In S. Hall, J. Evans, & S. Nixon (Hrsg.), *Representation* (S. 223–290). Sage.

Harvey, D. (1992). *The condition of postmodernity*. Blackwell.

Herbert, U. (2017). *Geschichte der Ausländerpolitik.* C. H. Beck.

Herzog-Punzenberger, B. (2011). Leitkultur. In R. Robertson & D. Seidendorf (Hrsg.), *Lexikon der Globalisierung* (S. 228). Transcript.

Hestermann, T. (2025). *Kriminalität und Migration: Das Bild in deutschen Medien.* Mediendienst Integration. https://mediendienst-integration.de/fileadmin/user_upload/Expertisen/Mediendienst_Integration_Expertise_Kriminalitaet_und_Migration_in_deutschen_Medien_Thomas_Hestermann.pdf

Klinglmayr, T. (2025). *Kulturdiskurse – Diskurskulturen.* Springer VS.

Köhler, E. A., & Wiemann, D. (2025). *Field experimental evidence on hiring discrimination in the German apprenticeship market.* (Working Paper). University of Siegen. https://papers.ssrn.com/sol3/papers.cfm?abstract_id=5368943

Krause, A., Rinne, U., Zimmermann, K. F., Böschen, I., & Alt, R. (2011). *Pilotprojekt „Anonymisierte Bewerbungsverfahren" – Abschlussbericht.* IZA/Antidiskriminierungsstelle des Bundes. https://docs.iza.org/report_pdfs/iza_report_44.pdf

Kubis, A., & Schneider, L. (2024). *Zuwanderung und Arbeitsmarkt.* Institut für Arbeitsmarkt- und Berufsforschung (IAB).

Laclau, E., & Mouffe, C. (1991). *Hegemonie und radikale Demokratie*. Passagen.

Loy, C. (2016). *Motivationstypen in der Bildungsmigration*. Springer Vs.

Mecheril, P., Castro Varela, M., & do M., Dirim, İ., Kalpaka, A., & Melter, C. (2010). *Migrationspädagogik.* Beltz.

Moebius, S. (2009). *Kultur: Eine Einführung*. Transcript.

NaDiRa – National Diskriminierungs- und Rassismusmonitor. (2025). *Verborgene Muster: Monitoringbericht 2025*. DeZIM.

Nennstiel, R., & Gilgen, S. (2024). Doeschubby…. *PLoS ONE, 19*(7). https://doi.org/10.1371/journal.pone.0305703

Nohl, A.-M., Schittenhelm, K., Schmidtke, O., & Weiß, A. (2010). *Kulturelles Kapital in der Migration*. VS Verlag.

Oltmer, J. (2017). *Globale Migration: Geschichte und Gegenwart*. bpb.

Oltmer, J., & Hanewinkel, V. (2021). *Geschichte der Migration nach und aus Deutschland*. bpb.

Pähler, A. (2021). *Kulturpolitik für eine pluralistische Gesellschaft*. Transcript.

Pickel, S., & Stark, T. (2022). *Antiziganismus als eigenständige Form …* DeZIM.

Pries, L. (2008). *Die Transnationalisierung der sozialen Welt*. Suhrkamp.

Reckwitz, A. (2000). *Die Transformation der Kulturtheorien*. Velbrück.

Roder, A., & Lüken, S. (2024, 6. November). Statement zum Sozialbericht 2024. Destatis.

Rubel, A. (2024). *Migration: Eine Kulturgeschichte der Menschheit*. Kohlhammer.

Salikutluk, Z., & Podkowik, K. (2024). *Ungleichheiten auf dem Arbeitsmarkt…* DeZIM.

Schlee, T., Schammann, H., & Münch, S. (2024). *Ausländerbehörden zwischen Anspruch und Alltag*. Bertelsmann Stiftung.

Schorn, B. (2017). Psychosoziale Unterstützung…. In B. Dollinger & J. Schmidt (Hrsg.), *Soziale Arbeit in der Migrationsgesellschaft* (S. 115–130). Beltz Juventa.

SVR – Sachverständigenrat für Integration und Migration. (2023). *Bildungserfolg und Chancengleichheit…* SVR.

Textor, M., & Anlaş, T. (2018). Rassismuskritische Soziale Arbeit. In B. Blank et al. (Hrsg.), *Soziale Arbeit in der Migrationsgesellschaft* (S. 313–323). Springer VS.

Ther, P. (2017). *Die Außenseiter*. Suhrkamp.

Tibi, B. (1998). *Europa ohne Identität*. Bertelsmann.

Weichselbaumer, D. (2016). *Discrimination against female migrants wearing headscarves*. IZA.

Welsch, W. (1999). Transkulturalität: Lebensformen…. *Information Philosophie, 2*, 5–20.

Werding, M. (2025). *Kosten und Einnahmen der Migration*. Mediendienst Integration.

Wolf, C. (2022, 18. Februar). *Diese Branchen hängen von Zuwanderung ab*. Mediendienst Integration.

MIX
Papier | Fördert gute Waldnutzung
FSC® C083411

Zeitfracht Medien GmbH
Ferdinand-Jühlke-Straße 7
99095 Erfurt, Deutschland
produktsicherheit@kolibri360.de